わが恩師
石井紘基《こうき》が見破った
官僚国家 日本の闇

泉 房穂
Izumi Fusaho

a pilot of wisdom

はじめに　石井紘基が突きつける現在形の大問題

石井さんの訃報を聞いたのは、明石《あかし》で弁護士をしているときでした。忘れもしない二〇〇二年一〇月二五日。旧民主党の衆議院議員・石井紘基《こうき》は、朝、国会に向かうところを、世田谷の自宅駐車場で、右翼団体代表を名乗る男に刺殺されたのです。

私はテレビのニュースで事件を知り、「えっ、石井さんが!?」とただ驚くばかりでした。すぐに家を出て、東京へ向かいました。

石井さんとは、そのすこし前に電話で話したばかり。突然の死の報《しら》せには、驚きしかありませんでした。でも、心のどこかで、石井さんはいつか殺されるかもしれない、そんな予感があったのも事実です。

当時、石井さんは民主党の衆議院議員として、オウム真理教による地下鉄・松本サリン事件の被害者救済、統一教会（現・世界平和統一家庭連合）の立ち退き運動への参加、さらに国会質疑でも、日本道路公団や住宅・都市整備公団など特殊法人への不正追及で、注目を浴びていました。

人呼んで「国会の爆弾発言男」。

私にとって石井紘基は、恩師であり、正義の人でした。

石井さんの正義にはふたつの大義がありました。ひとつは不正を許さない「不正追及」の正義。もうひとつは弱者に寄り添う「弱者救済」の正義。このふたつを生涯を通じて追い求めた信念の人、それが石井紘基であると今でも思っています。

私と石井さんとの関わりでは、石井さんが最初に衆議院議員選挙の立候補に向けて活動を始めた一九八九年から一九九〇年の一年間がとくに濃密な期間です。私は付き人として一緒に政治活動を行ない、毎日のように顔を合わせていました。九〇年の選挙結果は惜しくも次点。その後私は、石井さんの勧めで司法試験に取り組み、四年後に合格し、弁護士として依頼者のために駆け回ることになります。

ですから、一九九三年の衆議院議員総選挙で石井さんが初当選してからは、国会中継などで石井さんの活躍を目にしてはいましたが、議員となった石井さんが日常的にどのような行動をとっていたのか、すべてをこと細かに把握していたわけではありません。

それでもつきあいは続いていたし、連絡もよくいただいていました。当時、石井さんは数年に一回は本を出して、出版記念パーティーを開いていたので、「泉君も買ってよ」と電話がかかってくる。私もカンパのつもりで五〇冊、一〇〇冊と毎回まとまった数を購入したものです。

国会での爆弾発言に対して、私が「どこから情報を取っているのですか?」と情報源について聞くと、「なかなか言えないけどな……」と言葉を濁されることもありました。本人の口ぶりからも、「危ない橋を渡っているなあ」と思うときもありました。巨悪を倒すため、不正を糺《ただ》すためには、使えるものはなんでも使う手段を選ばないようなところが見受けられましたから。事の真相に迫るため、多少はダーティーな情報源との接触もあったようです。

石井さんの座右の銘は「不惜身命《ふしゃくしんみょう》」でした。命を惜しまず、死をも厭《いと》わない決意。国を救うためなら「自分の命ぐらいくれてやる」と思える強さがありました。

私も明石市長を一二年務めた最後の年に、殺害予告を受けました。「八月末までに明石市長を辞めなかったら九月で殺すぞ」などの脅迫メールが連日のように送られてきたのです。合計で一四〇通届きましたが、不思議と怖くはありませんでした。

「殺すというなら、殺してみろ」。これで死ぬなら本望だとさえ思っていました。

そう思えたのは、それでも構わないと思えるぐらい、市長としての仕事をやりきった自負があったからです。

一方で、「神様はまだ私を殺さないだろう」との思いもどこかにありました。もし神が存在するなら、私の使命はまだ果たせていないから、次の仕事をさせるだろう。だから、ゆっくりするのはまだ先のことだろうと。

石井さんの最後の日々の心境が、私と同じだったかはわかりません。しかし「もしなにかあったとしても、自分はやりきるんだ！」という覚悟はあったと思います。天が自分に与えた役割を果たそうと、腹をくくっていたと思います。もし躊躇《ちゅうちょ》があったら、権力の中枢にまで踏みこめなかったことでしょう。

石井さんは享年六一。私も二〇二四年八月一九日で同じ六一歳になりました。石井さんが追及していた特殊法人や特別会計の問題は、二二年たった今も、巧妙に姿を変えつつ、国民のくらしを蝕《むしば》んでいます。私が常日頃、さまざまな媒体で発信しているように、日本の政治はこの三〇年間「無策だった」のではなく、「国民を苦しめ続けてきた」ようなもの。ひどいありさまです。給料は上がらず、税金も保険料も物価も上がり続ける。もはや国民の負担は限界を超えています。

本書の第Ⅰ部では、石井紘基さんが「官制経済」と喝破した日本の官僚社会主義について、私の知るかぎりの実態を明かしつつ、財務省など中央省庁の問題点にも触れ、最後に、私が構想している「救民内閣」についても説明します。

第Ⅱ部は、石井紘基さんをよく知る三名との対談です。一人目は、石井さんの一人娘で秘書もされていた石井ターニャさん。二人目は、石井さんとカルト宗教被害者の救済に尽力してきた紀藤正樹《まさき》弁護士。三人目は、「財政学者」としての石井紘基さんを評価している経済学者の安冨歩《あゆみ》先生。

石井さんの死の真相の究明。そして石井さんが追及していた官僚国家・日本の利権構造。今から話すのは、二〇年以上前の「昔話」ではありません。まさに、「今を生きる私たちの深刻な問題」です。

みなさんに石井紘基を知っていただき、彼の投げかけた問いに対して、「これから私たちができること」をともに考えていきたいと思っています。

出版に寄せて

石井ナターシャ

紘基さんが居なくなって、もうすぐ四半世紀が経とうとしています。

モスクワで彼と出逢ってから共に過ごした時間は三十年余り。そして、念願かなって彼が国会議員となってからの最後の十年間は、彼が大切にしていた有権者の皆様と少しでも多くの時間を過ごしながら政治の現場と国会を往復し、各地を奔走し、生き急ぐかのように戦い続けた日々でした。

その間、わたくしは、彼の活動や存在は日本人のためのものであると信じておりました。ですから、わたくしのために過ごしてくれる時間はほんの少ししか無くとも、政治活動で陽に焼けた肌に、真っ白な襟のシャツを身につけ、引き締まった表情で国会へ出かけて行く彼の姿を、心の中で眩《まぶ》しく感じ、同志のような気持ちで見送っておりました。

そして、自分が外国人であることで彼に迷惑をかけることがないように、政治活動からはなるべく距離を置くように心がけておりましたので、代議士の妻として役目を十分に果たせていなかったことを申し訳なく思っています。彼が時々家に帰っては、頑張っている様子を話してくれる時間はかけがえのないものでした。

今日、泉房穂さんが、このような形で紘基さんのことを本に出してくださり、彼の仕事が今も生きていることを、とてもうれしく思います。

生前の彼を支えてくださった皆様、出版にご協力くださった全ての皆様に、この場を借りて心より感謝申し上げます。

令和六年　晩夏の候　吉日

石井紘基

目次

第Ⅱ部　〝今〟を生きる「石井紘基」

第三章〈石井ターニャ×泉房穂 対談〉
事件の背景はなんだったのか？

構成／高山リョウ
編集協力／高木真明
扉デザイン・図版・年表作成／MOTHER
写真提供：とくに明記のないものは石井ターニャ氏より

第Ⅰ部

官僚社会主義国家・日本の闇

1989年頃。出会って間もない泉房穂と石井紘基　写真提供：泉房穂

第一章　国の中枢に迫る「終わりなき問い」

運命を変えた一冊の本との出会い

二〇代の一時期、私は東京都新宿区の高田馬場に住んでいました。ビルの谷間にある壊れかけのボロアパートで、家賃一万五〇〇〇円。電車と車の音がうるさかったことをよく覚えています。一九八九年、当時の私はテレビ朝日の契約スタッフとして、「朝まで生テレビ！」の制作や、「ニュースステーション」の取材に参加していました。

何冊かの著書でも書きましたが、私は一〇歳のときに、将来明石市長になることを決意しています。そんな私にとって報道の仕事は、あくまで政治を外側から報じるものであり、世の中を直接変えるために、政治の現場で力を発揮することとは違うと思っていました。

当時の私は、「社会を変えたい」という気持ちは誰よりも強かったけれど、「自分にその力はない」という現実に、日々悶々《もんもん》としていました。

ささやかな楽しみは、高田馬場駅前の芳林堂書店での立ち読み。そこで出会った運命の一冊が、石井紘基さんの『つながればパワー――政治改革への私の直言』(創樹社、一九八八年)でした。

石井さんは中央大学の自治会委員長を務め、一九六〇年の安保闘争に参加。大学院進学後、冷戦時代のソビエト連邦に留学。モスクワ大学大学院で六年間学んだのち、法哲学の博士号を取得し、帰国後は社会民主連合(社民連)の事務局長を務めました。『つながればパワー』は、無名の政治学徒として下積みを重ねていた石井さんが、国政への立候補を決意して書いた本でした。

『つながればパワー』というタイトルですが、誰と誰がつながればパワーになるのか? それは、市民と市民です。一人ひとりの市民がつながり、その力が集まって大きなパワーになれば、社会を変えることができる。市民の力で政治と社会を変えていく。三六年前の段階で、石井さんは時代を先取りする考えを持っていました。

序章の「日本ペレストロイカの提唱」では、当時、崩壊寸前のソ連で行なわれていたペレストロイカ(政治の再編・改革)を引き合いに、「日本では、ペレストロイカは必要がないのか、日本では官僚支配がないのか、一部の特権階層だけが甘い汁を吸っていることはないのか」と、それまで誰も気づかなかった、ソ連と日本の「政治構造の相似性」について、鋭く指摘しています。

当時、私は二五歳で、石井さんは四八歳。悶々としていた二〇代の私からすれば、「つながるパワーで政治を変えたい！」というような青臭いことを、五十手前のいい年をした大人が本気で言っている。無名の立場で、国政にチャレンジしようとしている。単に「当選したい」という理由ではなく、「本当に社会を変えたい」と思い、しかもどこかの有力政党や大きな団体の力を借りず、「市民の力で変える」と真正面から語っている。

こんな人が世の中にいたのか！　この人はすごい。本当に正義が勝つ気でいるんだ。そう思った私は感動して、「あなたのような方にこそ政治をやってほしい！」と手紙を書きました。

すると、思いがけず石井さんから返事が来たのです。そして喫茶店でいきなり会うことになって、さらにその場で「泉君、会ったばかりの人に言うのもなんだけど、選挙を手伝ってくれないかな？」と言うではありませんか。

「えっ、手伝ってって……お手伝いする人はいっぱいいるでしょう？　あなたみたいな立派な方には」

石井との出会いの書『つながればパワー』を手にする筆者
撮影：内藤サトル

「いや、たまに来るのはいるんだけど、ずっと一緒にいてくれる人はいないんだよ」

「誰もいないんですか？」

「誰もいないんだよ、ひとりなんだ。だから、誰かひとりいてほしいんだけど……君どうかな？」

「わかりました。私があなたを通します！」

初めて会って、ほんの一〇分ほどのことでした。

私はテレビ局の仕事を辞めて、高田馬場のアパートを引き払い、石井さんの事務所の近く、三軒茶屋に引っ越しました。私も石井さんもどうかしていますが、運命が動いた瞬間でした。

「日本は官僚社会主義国家」と喝破した

こうして石井さんとの、選挙に向けた政治活動が始まりました。朝五時に私が石井さんを起こしに行って、六時から八時過ぎぐらいまで駅頭で演説。石井さんがマイクでしゃべり、私がビラをまく、ふたりきりの活動です。

石井さんの演説は、決して下手なわけではないのですが、正直、朴訥《ぼくとつ》な感じで、人が立ち止まって聞き惚《きほ》れるというトーンではありませんでした。

「つながればパワー」と言って、「民衆とともに」と鼓舞しているわけですから、もうすこし情熱的な演説をしてほしい。そんな思いが溢《あふ》れ、「もっと熱を持ってしゃべってくださいよ」と叱咤《しった》激励していました。「石井さんは無名の新人なんですから」「当選する気あるんですか?」。私の辛口コメントに石井さんは「泉君、そんなきついこと言うなよ……」と困った顔をするばかりでした。

でも石井さんは、気持ちの奥には熱いものを持っている方です。彼の民衆への愛は、疑いようもありませんでした。

朝の演説が終わると、喫茶店で一緒にトーストを食べて、夕方からまた演説。日中は、他にすることもないので、石井さんからいろいろな話を聞きました。

石井さんがよく語っていたのは、日本社会党書記長だった江田三郎のこと。そして自分が留学していたソビエト連邦の話です。

一九六〇年の日米安保闘争。国会に突入しようとするデモ隊の中に、中央大学のリーダーだった石井さんと東大のリーダーの江田五月《さつき》がいて、警官とデモ隊が揉《も》み合う騒乱状態がピークに達しようとしたとき、白髪の国会議員が飛びこんできました。他の議員はみな、安全な場所に逃げたというのに、その議員は「学生を殴るのなら、俺を殴れ」とばかりに警官の前に立ちはだかった。その人が、同志の江田五月の父親で、当時社会党書記長だった江田三郎でした。

年老いた国会議員が、体を張って学生を守ろうとしている。たったひとりで民衆の側に立っている。こんな政治家が日本にもいたのか！　感動した石井さんは政治家を志し、同志である江田五月を介して、江田三郎の秘書になります。

その江田三郎からのちに、「ソ連に行って政治を学んでこい」と言われて、石井さんはソ連に六年間留学することになります。一九六〇年代のソ連は、民衆のための社会主義が行なわれている「理想の国」と喧伝《けんでん》されていました。

中央大学自治会委員長時代の石井

ところが実際に行ってみると、聞いていた話とまったく違う。

実際のソ連は官僚が支配している独裁国家だったのです。秘密主義で支配層が利益を独占し、国民は事実を知らされずに、貧しい生活を強いられている。

石井さんは本心を隠しながら、逆に「ソ連の政治体制を調べてやろう」という気持ちもあって、ソ連の社会主義を称賛するような博士論文を書いた。でも自分の中では「それは違う」という思いが強まったと言っていました。「夢のソ連」は作り話だったという形で、石井さんは一回、夢破れているわけです。

そして帰国してまた愕然《がくぜん》としたことがあります。

それは、「日本もソ連と同じように官僚が支配する国ではないのか?」ということでした。六年間見てきたソ連と重なり合うように、日本の社会も同じ構造をしていることに、石井さんは気づいたのです。日本も民主主義を標榜《ひょうぼう》してはいるが、実際は官僚主導の国家で、一部の支配層のみが利益を得て、大多数の国民は苦しめられている。日本は実際には「官僚社会主義国家」ではないのかと。

その後も石井さんは一貫して、ソ連同様、官僚が支配する日本社会を、国民の手に取り戻したいと考えていました。その信念と民衆への愛は、死ぬまで変わらなかったと思います。

「弱い者を助け、民衆の側に立つ」「民衆と一緒に政治を変えていく」。私が石井さんに感動したのはそこで、私は会ったことはないのですが、おそらく彼の師である江田三郎も同じものを持っていたと思っています。

そして会った当時から石井さんには、すべてをひとりで抱えこむような、一種の悲壮感に満ちた強い責任感が感じられました。「ああ、この人は本物だろうな」という本能的な感覚です。一緒に活動してきた一年間、毎日行動をともにする中で、私は政治家・石井紘基の薫陶を受けていたように思います。

国会の爆弾発言男

一九九〇年、第三九回衆議院議員総選挙・東京三区。選挙結果は、惜しくも次点でした。当時は中選挙区制で定数は四。四位で当選した候補が約六万五〇〇〇票、石井さんの得票数は約五万票でした。無名の新人で、当初は泡沫《ほうまつ》候補扱いでしたから、いい勝負をしたと思います。

選挙活動に関しても、企業や労働組合、宗教団体などの特定の団体に頼ることのない、市民を中心にした選挙で、のちに私が明石市長に立候補した際の選挙スタイルにつながるものでした。私の仕切りで、大学生のボランティアを集めてポスターを貼り、ビラを配りました。

告示日は節分の日だったので、私のアイデアで「消費税鬼」の看板を作って、渋谷駅前で豆まきを行なったところ、マスコミに取り上げられ、大きなニュースになったこともありました。知名度も組織票もありませんでしたから、いかにメディアを使って戦うかも大事な戦略だったのです。

広く民衆を信じて、そのパワーを頼りにする。私にとっては感動的に楽しい選挙で、次につながる可能性を感じました。

「あなたを政治家にしたいと言ったけれど、当選させられなくて申し訳ありません。次こそ必ず当選させますから、また頑張りましょう」。頭を下げる私に、石井さんは言いました。

「泉君、ありがとう。気持ちは嬉《うれ》しいけれど、若い君をこれ以上引っ張ることはできない。君はいずれ政治家になるだろう。だからまずは弁護士になりなさい。困っている人たちを助けなさい。その経験は政治家になったときに、必ず生きてくるから」

思わぬ言葉でしたが、私はそれならばと法律の勉強を始めました。その後四度目のチャレンジで司法試験に合格して弁護士となり、二〇〇〇年に明石で法律事務所を開くことになります。

一方の石井さんは、一九九三年の第四〇回衆議院議員総選挙で、当時ブームを起こしていた日本新党から立候補して、トップ当選。当時は政権交代、政界再編でめまぐるしい時期でしたから、石井さんもその後、自由連合、新党さきがけ、民主党と、所属を替えていきますが、不正を許さず、国民のほうを向いた政治姿勢は、生涯変わりませんでした。

国会議員二年目の一九九四年、石井さんは羽田孜《はたつとむ》連立内閣において、総務政務次官に就任。特殊法人の住宅・都市整備公団（現・独立行政法人都市再生機構）による、子会社への工事発注操作の疑惑を追及し、メディアでも取り上げられます。この国会質問を受けて総務庁（現・総務省）は、同公団への行政監察を行ないました。それまで、公共事業の主体として、当たり前のように存在していた特殊法人に、石井さんは初めてメスを入れました。

翌一九九五年は、阪神・淡路大震災とオウム真理教による地下鉄サリン事件が起きた年でした。石井さんは、カルト宗教問題に取り組んでいる紀藤正樹弁護士と連絡をとり、「オウム真理教問題を考える国会議員の会」を発足。統一教会の世田谷進出に反対する住民運動にも参加します。

一九九六年、衆議院議員に二回目の当選。一九九七年、オウム真理教の「地下鉄・松本サリン事件の被害者救済の集い」を開催。そしてこの年、統一教会が世田谷進出を断念して、施設から撤退します。政治家と市民がともに戦い、勝ち得た勝利でした。

一九九八年には、防衛庁の装備品調達における贈収賄、背任疑惑を国会で追及。共謀して工数の水増し請求を行なった取引先四社と、調達費の過払いに関与した防衛庁の関係者は、のちに東京地検により逮捕・起訴されます。

翌一九九九年には、衆議院行政改革特別委員会で中央省庁等改革関連法案と地方分権一括法案に対する質疑を行ない、日本道路公団（現・特殊会社ＮＥＸＣＯ三社）および、住宅・都市整備公団の不透明な業務内容を例に、特殊法人の問題点を追及。

1997年6月26日「地下鉄・松本サリン事件の被害者救済の集い」での石井

「特殊法人は一二〇〇社以上ある。丸投げするための子会社まで含めたらもっと多い。公益法人にしても職員五一万に対し役員四九万人。これらが民間と同じビジネスを行なっている。ここにメスを入れなければ、行革の意味がない！」と官業による民業の圧迫、特殊法人と子会社の癒着、そこで起きている官僚の天下りを痛烈に批判しました。

独自の調査で権力の中枢に踏みこみ、国民が知らなかった事実を暴露する石井さんは、「国会の爆弾発言男」と呼ばれるようになります。

特殊法人とはなにか

特殊法人は、「公共の利益または国の政策上の特殊な事業を遂行する」として、特別法によって設立された法人です（『大辞泉』）。主に第二次大戦後の経済復興のため、道路、住宅、鉄道など基本的な社会資本（インフラ）を整備するために作られました。公団（旧・日本道路公団、旧・住宅・都市整備公団など）、公庫（旧・住宅金融公庫など）、特殊会社（電源開発株式会社など）などの形態で、戦争によって壊滅的な打撃を受けた日本社会を建て直すため、一定の役割を果たしました。

歴史的には、一九六〇年代から高度経済成長をめざして、重工業主体の産業政策が推進され、この間、民間企業が大きく成長しました。石井さんは、池田勇人《はやと》内閣（一九六〇～一九六四）の国民所得倍増計画がその目標を達成した一九七〇年代前半には、「本来であれば特殊法人は解散して、経済を市場に委ねるべきだった」と考えていました。福祉や教育、外交など、政治は次なる目標に向かうべきであったと。

しかし実際には、政・官・財の癒着が壁となり、民間経済をサポートし、活性化させるという本来の役割を終えた特殊法人はその後も残り、自己増殖を始めました。

政・官・財の権力システムは、「〜開発法」「〜整備法」など後付けの根拠法を次々と作り、公共の投資事業のための「特別会計」を増やし、行政指導の権限と経営規制を拡大して、金融・建設・住宅・不動産・流通・保険などの事業分野、鉄道・空港・道路その他の交通運輸産業、農業・漁業・林業の分野、さらに通信・電力など、ほとんどすべての産業分野で、市場を寡占するようになります。

その後も経済発展とともに特殊法人は増加し、政治家と官僚は、財団法人や社団法人なども含む膨大な数の、子会社、孫会社を作りました。これらのいわゆる「ファミリー企業」は、下請け発注業者である特殊法人から優先的に仕事を回され、事業を寡占します。定年を迎えた官僚は、管轄下の特殊法人やファミリー企業へ続々と天下り、法外な給料や退職金を何度も手にします。

これでは民間にお金は回ってきません。

石井さんが最後に調査した二〇〇一年の時点で、特殊法人は七七団体。関連会社・法人は約一二〇〇社、そしてファミリー企業まで含めると二〇〇〇社以上、役職者数は少なくとも一〇〇万人。さらに、特殊法人の公益事業や委託業務で生計を立てている民間企業や地方自治体まで含めると、特殊法人関係の実質就業者数は三〇〇万人規模で、これは当時の日本の全就業人口の五パーセントになると推定しています。

石井さんの追及はここから「特別会計」に及び、国会での爆弾発言となります。

誰も知らなかった「本当の国家予算」

「国の予算というのは、御案内のとおり、一般会計予算と特別会計の予算、それから、最近では財政投融資計画というのも国会にかけられるようになりまして、その御三家といいますか、その〝三つの財布〟があるというふうに思います。

とくに、一般会計でもって通常議論されるわけでありますが、実は、一般会計というのは、カムフラージュというような性質のものでございまして、一般会計のうちの大部分、つまり、八一兆なら八一兆のうちの五〇兆以上は特別会計にすぐ回ってしまうわけですね。

特別会計の規模は、御案内のとおり、最近ではもう三八〇兆というような規模になっているわけですね。そこで、〝三つの財布〟をそれぞれ行ったり来たりしておりますから、（中略）非常に複雑きわまりない構造になっておりますが、そういう中で、果たして、国の歳入歳出という面からいったら幾らになるか。

これは純計しなければなりません、これらの財布を。それがすなわち我が国の国家予算なんです。年間の国家予算なんです。それは、到底、八〇兆やそこらのものじゃありません。それを、私は、今からちょっと計算してみたいと思うわけであります。

そこで、申し上げましたように、一般会計は一四年度八一兆です。特別会計は三八二兆。これを純計いたしますと、二四八兆円でございます、行ったり来たりしておりますからね。

それで、さらにその中から内部で移転をするだけの会計の部分があるんですね。（中略）この部分約五〇兆円でありますから、これを除きますと、純粋の歳出は約二〇〇兆円であります。（中略）これはアメリカの連邦政府の予算にほぼ匹敵するというか、アメリカの連邦政府の予算よりちょっと多いぐらいの規模でございます」（図1参照）

これは石井さんが亡くなる四カ月前に行なった、二〇〇二年六月一二日の衆議院財務金融委員会での質問の一部です。特殊法人の予算である、特別会計。石井さんは、それまで国の予算と思われていた「一般会計」を表向きのカムフラージュと見破り、誰もが見過ごしていた「特別会計」に目をつけて、純粋な歳出として二〇〇兆円を割り出し、「本当の国家予算」へと迫

図1　日本の本当の予算額をはじきだす（平成14〈2002〉年度）

●一般会計予算 ▶ **81**兆円

●特別会計概要 ▶ 〈歳入〉**398.4**兆円　〈歳出〉**382.7**兆円

※この歳入・歳出は、各特別会計間や、一般会計との間を行ったり来たりして重複して計算される

歳入の重複 **217.5**兆円　歳出の重複 **215.5**兆円

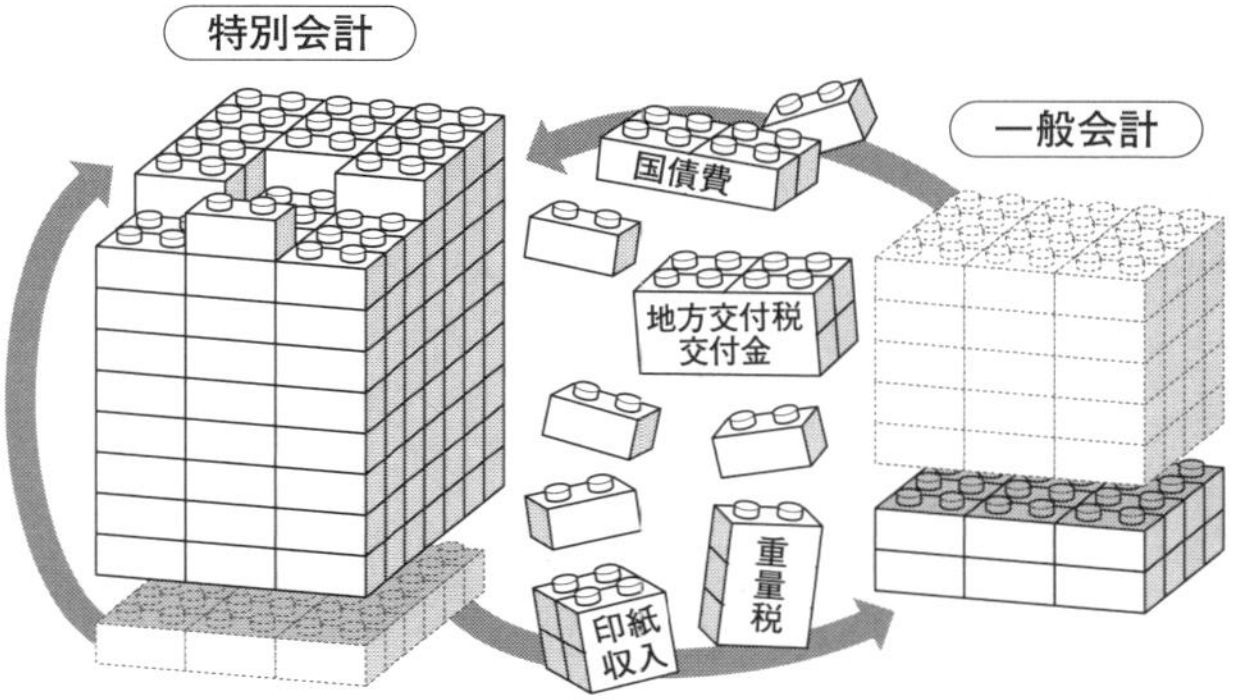

重複をのぞいた特別会計の純計

〈歳入〉**180.9**兆円　〈歳出〉**167.2**兆円

日本の本当の予算額

一般会計 **81**兆円 ＋ 特別会計 **167.2**兆円

＝ **248.2**兆円 － 約**50**兆円 ＝ 約**200**兆円

（内部で移転する会計部分）

石井紘基『だれも知らない日本国の裏帳簿』（道出版、2002年）の図をもとに作成

っていきます。

すこし長くなりますが、このまま続けます。

「一方でGDPは名目で約五一〇兆円ぐらいですね。そうすると、このGDPに占めるところの中央政府の歳出というのは、何と三九％に上ります。ちなみに、アメリカの場合は連邦段階で一八％、イギリスの場合は中央政府で二七％、ドイツも一二・五％、フランス一九％、大体そんなふうになっているわけです。

さらに、これに、政府の支出という意味でいきますと、地方政府の支出を当然含めなければなりませんから、我が国の場合、これも純計をして、途中を省きますが申し上げますと、大体これに四〇兆円超加えなければなりません。そうすると、一般政府全体の歳出は約二四〇兆円というふうになるんです。これは何とGDPの四七％であります。（編集部註：図2、3参照）

（中略）

これは実は、市場というものと権力というものとの関係において、我が国では権力が市場を支配している。（中略）その結果、市場経済というものを破壊しているというところがあるんです。こうした我が国の実態というものが、先ほど申し上げました分配経済と呼ぶべきもので

図2　2001年の日本の名目GDPに対する一般政府支出割合（一般政府支出は2002年度予算）

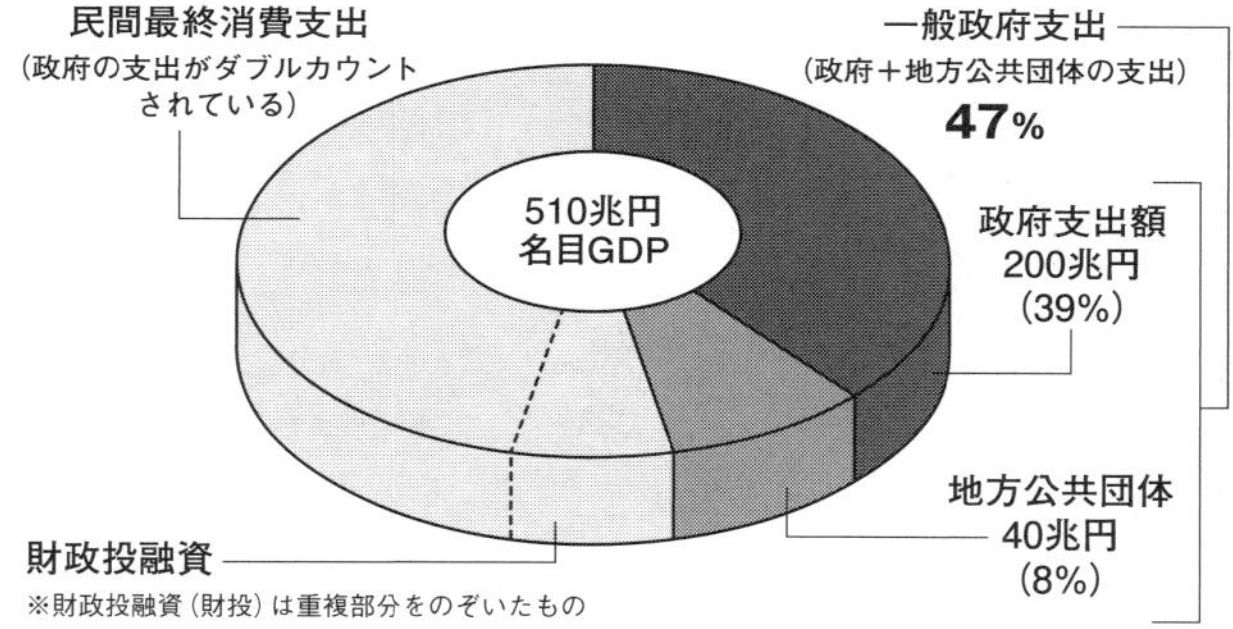

※財政投融資（財投）は重複部分をのぞいたもの

石井紘基『だれも知らない日本国の裏帳簿』の図をもとに作成

図3　名目GDPに対する政府支出額の国際比較

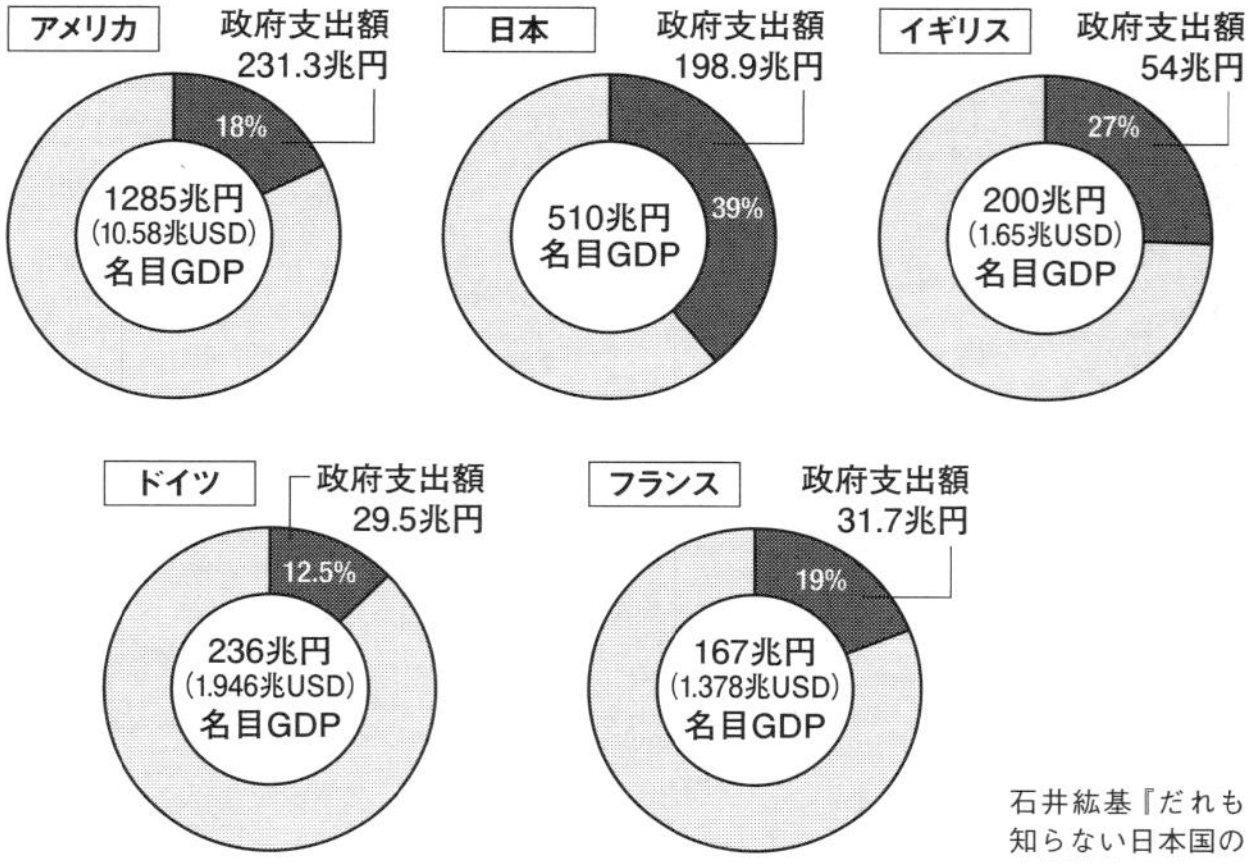

※各国統計の為替レートは、IMFの2001年期中平均で計算（1ドル=121.5円）

石井紘基『だれも知らない日本国の裏帳簿』の図をもとに作成

すね。

私の言葉で言えば、私は『官制経済』というふうに申し上げているわけであります。これは、ここでは本質的に資本の拡大再生産というものは行われない、財政の乗数効果というものは発揮されない、こういう体制にあるんです」

GDP（国内総生産）における、国の純粋の歳出（特別会計を含む国家予算に地方政府の支出を加えたもの）の比率は、四七パーセント。つまり日本では市場のおよそ半分を、特殊法人系列による「官制経済」が占めていることになります。図2、3を見てもわかるように、欧米と比べて民業が極めて圧迫されている状況で、市場経済が正常に機能していないことになります。

質問は熱を帯び、最後に「本当の国民負担率」が明かされます。

「一方、国民負担率というものは、我が国の場合は、私はもう今既に限界に達しているんだと思うんですね。財務省の数字によりますと、潜在的な負担率も含めて四八％と言っておりますが、しかし、これは先ほど申し上げました特殊法人等から生ずる負担というものがカウントされておりません。財務省が昨年九月に出したところの特殊法人等による行政コストというのは、年間一五兆五〇〇〇億円くらいあると言うんです。

こういうものを含めると、国民負担率、これは当然、例えば電気にしても、ガスや水道なんかのそういう公共料金、運賃や何かも含めて、こういうものは特殊法人という、認可法人や公益法人も入りますが、総称して特殊法人というものによって、このコストが乗ってくるわけでありますから、そうした将来にかかるコストと、現実に日常的にかかるところのコストというものがオーバーラップしてあります。

こうしたものを含めた国民負担率というものは、もう六〇%に近づいているだろうというふうに考えられます。日本の不安定な社会保障の実態というものとあわせて考えると、これは六割近い国民負担率というものは非常に異常な状況であると言わざるを得ないと思います。

（中略）

今まで申し上げましたことについて、財務大臣の御認識を伺いたい。どうですか」

塩川正十郎財務大臣
「御意見としてお述べになりましたのでございますから、私が否定するようなこともございません」

誰も気づかなかった裏の国家予算「特別会計」を掘り起こし、「本当の国家予算と国民負担率」を開示した石井さん。前年の国会では、経済財政政策担当大臣の麻生《あそう》太郎と、財務大臣の宮澤喜一に、「本当の国家予算」についてズバリ聞いていました。

「そこで、麻生大臣にちょっと聞いてみたいのは、日本の国家予算というのは、歳出でもいいですし歳入でもいいのですが、幾らぐらいなんですか」

麻生経済財政政策担当大臣

「八一兆で、出ているとおりだと思いますが」

石井

「では、宮澤財務大臣にひとつ教えていただきたいのですが、日本の国家予算のトータルというのはどのぐらいの規模ですか。何兆円という単位で結構でございますが」

宮澤財務大臣

「一度調べまして、お答えいたします」

（二〇〇一年四月四日　衆議院決算行政監視委員会）

麻生さんは単純に、一般会計の八一兆円を国家予算と思いこみ、旧大蔵省のエリート官僚出身の宮澤さんは、答えられなかった。ふたりとも首相候補と目されていた政治家です。国家の中枢を揺るがす「爆弾発言男」石井紘基。このころからすでに、エスタブリッシュメント（体制側）に警戒されていたのかもしれません。

会計検査院への失望

国会議員になって一期目の石井さんは、楽しそうでした。

「泉君、僕は会計検査院の〝族議員〟になるよ」

電話口で冗談めかして、そう言っていました。「族議員」とは、「道路族」「港湾族」など、省庁・業界ごとの利益を代弁する議員のことで、政・官・財の癒着を表す言葉としても使われるため、あまりポジティブな意味では使われません。ですが会計検査院は、政府や省庁の会計検査を行なう国家機関です。

石井さんの時代にも会計検査院は、必要のない道路や堤防を作り続ける高速道路事業や港湾建設事業などでのムダ遣いをチェックしていました。

中には島根県の中海《なかうみ》干拓事業や、愛知県の藤前《ふじまえ》干潟干拓事業のように、会計検査院のチェックが入り、住民の反対運動が功を奏して、事業が取りやめになったケースもありました。

道路や箱物行政に代表される、ムダな公共事業。その資金源は言うまでもなく、私たち国民が納めている税金です。にもかかわらず、その使いみちは、国会での審議も議決もなしに決定されています。どこになにを作るかは閣議で決め、個別事業の予算は、省庁や特殊法人などの事業主体が決める。言うなれば、官僚と族議員の「やりたい放題」です。

会計検査院は、そんな政・官の暴走を取り締まるための「番人」。石井さんも最初はそのように思っていたようです。しかし二期目のあたりからは、

「泉君、会計検査院もダメだ……」と言うようになりました。

ひとつには会計検査院には強制権限がなく、「該当する事業は不当である」との「指摘」しかできないということ。省庁などは、検査院から指摘を受けても、その事業を中止したり、責任をとる義務がないのです。

そして検査の対象が一般会計に限られているため、お金が特別会計のほうに流れて、特殊法人から民間のファミリー企業まで行ってしまうと、お金の流れを追えないという致命的な欠点がありました。

また組織の独立性にも問題があり、建前上は「内閣に対し独立の立場を有する」ことになっていますが、検査院の予算や定員は財務省が査定しているため、財務省の息のかかる他省庁に対しても、頭が上がりません。石井さんの話でも、検査院の方が「先方が資料を出してくれない……」と嘆いていたそうです。

1996年、「国民会計検査院」設立集会での石井

いつしか石井さんは、「国民会計検査院を作らないといけない」と言うようになりました。民衆とともに独立性のある会計検査の団体を作り、ブラックボックス化している特殊法人にメスを入れるという構想。「泉君、呼びかけ人になってよ」と頼まれたので、「いいですよ」とふたつ返事で答えました。改選を重ねても、石井さんはつねに民衆の側を向いていました。

国政調査権でタブーに迫る

石井さんがそもそも特殊法人の調査を始めたのも、中小企業の建設会社を経営している、ある友人の話がきっ

かけだったといいます。彼いわく、
「住宅・都市整備公団（以下、住都公団）の営繕（建築物の造営と修繕）の工事に入札しているが、いつも決まって公団の子会社である日本総合住生活（株）が落札し契約してしまう。我々には圧力がかかってまったく仕事が取れない」と。

住都公団は、のちに石井さんが国会で追及する、国の特殊法人です（29頁参照）。議員二年目。このころの石井さんは、まだ特殊法人に注目していませんでしたが、素朴な疑問を抱きます。
「税金で運営している特殊法人が、子会社を持っている？」

税金で私企業を作るということは、公金を私物化すること。いわば公金横領である。そう思った石井さんは、住都公団を管轄する建設省（現・国土交通省）に連絡し、事実を確認しました。担当者の話では、「子会社への出資は法律で認められている」といいます。

この法律は、特殊法人および所管の省庁が、自己正当化をするための「後付けの根拠法」に過ぎないのですが、石井さんは国会議員の権限である「国政調査権」を行使して、住都公団の出資額や子会社の資産、収益などの財務資料を提出するように求めました。

建設省側はのらりくらりの対応で、あれこれ言い訳をしては資料を出し渋りましたが、石井さんは執念深く調査を続け、

① 住都公団が出資して作った株式会社が二四社、出捐《しゅつえん》（寄付）して作った営利財団が六法人あること。

② そのうち五社分だけで二〇〇〇億円の営業収入があり、公団からの天下り役人は、子会社全体で一〇〇人を超えていること。

③ その中に前出の日本総合住生活（株）もあり、社長は建設省から、公団、子会社へと天下りを繰り返してきていること。

④ 同社の売上は年間一六〇〇億円で、同業の全国七一〇〇社中第二位。住都公団東京支社の発注契約のうち七割を占めていること（発注操作の疑い）。

などを解明。国会での追及へと踏み切ります。

その後、石井さんは、当時あった他の九一の特殊法人、そして公益法人についても調査を開始し、発注操作、放漫経営、ファミリー企業への天下りなどを調べ上げました。また政治資金の調査を行なうことで、特殊法人全体における、国会議員の利権の縄張りも見えてきたといいます。

1996年、国政調査権をフルに活用して資料にあたり、現場にも足しげく通った石井（左より3人目）

このように膨大な調査データを積み上げていくことで、ソ連からの帰国以来、仮説として立てていた「官僚社会主義国家・日本」の実像が、具体的なものになっていったのでしょう。

そしてその膨大な調査は、仕事が取れない中小企業のいち経営者の「困りごと」がきっかけでした。弱い者の側に立った不正の追及、弱者の救済であり、民衆のための正義の行ないだったのです。

いつ電話しても、夜遅くまで議員会館の事務所で仕事をしていた石井さん。部屋の中は、つねに資料が山積みで、どこになにがあるのかは本人にしかわかりませんでしたが、すべての資料が、「官制経済システム」のパズルのピースだったのでしょう。

石井さんが収集していた資料は段ボール箱六三個に及び、今も全貌が解き明かされるのを待っています。

政治の深い闇

石井さんが亡くなって、今年で二二年になります。私がX（旧Twitter）を始めた二〇二一年一二月以降は、石井さんの命日である一〇月二五日はもちろんのこと、定期的に石井さんについてポストしています。

「事件の真相を知りたい」「政治の闇は深い」「泉さんも気をつけてください」といったリプライも多数つき、私としても「事件を風化させてはいけない」との思いを新たにしています。

石井さんは二〇〇二年一〇月二五日の午前一〇時半頃、国会に向かうため自宅前でハイヤーに乗ろうとしたところ、何者かに刃物で刺されて殺害されました。その日の夕方、ニュースで事件を知った私は東京に駆けつけ、お通夜とお葬式のお手伝いをさせていただきましたが、翌二六日には犯人が警察に出頭しています。

石井さんは事件の前に、奥さんや同僚の政治家、知り合いの記者などに「国会質問で日本がひっくり返るくらい重大なことを暴く」と話していたそうで、事件当日はその資料を国会に提出する予定だったといいます。ですが遺品のカバンから、資料は見つかりませんでした。

容疑者の伊藤白水《はくすい》は、犯行の動機を当時「個人的な金銭トラブル」と供述しましたが、石井さんは国会で数々の不正を追及していたので、「事件には黒幕がいて、口封じのために伊藤に殺害を指示したのではないか?」と囁《ささや》かれました。

事件の裁判では「被告人の動機に関する供述はまったく信用することができない」としながらも「動機の詳細を解明することは困難」との不可解な判決文で、一審では求刑どおりの無期懲役。その後、消えたカバンの資料の行方も、被告の動機も解明されないまま、二〇〇五年に最高裁で無期懲役が確定します。

事件後、石井さんが所属していた民主党が真相解明に動くと発表していましたが、結局調査は進められませんでした。

石井さんは秘密主義者でした。他人と情報を共有しませんでした。外出するときも行き先を言わないし、どこにいるかわからない。特殊法人の不正追及を始めてからは、公共事業がらみの闇のルートを調査していることはわかっていましたが、具体的な話は、私にもしませんでした。

事件までの数年間、石井さんは民主党内で「国会Gメン（政治と行政の不正を監視する民主党有志の会）」を立ち上げ、原口一博さん、河村《かわむら》たかしさん、上田清司《きよし》さんらと不正を追及していましたが、国会Gメンのメンバーにも情報は知らされていなかったといいます。石井さんは秘密主義だったからこそ、黒い情報源も石井さんを信用して、機密情報を渡すことができたのかもしれません。

私としてはご遺族のお力になりたかったので、娘さんの石井ターニャさんにお願いして、段ボール箱の資料を調べさせていただきましたが、他人が読んでもわからないようにしていたのか、文字も読みづらく、事件の手がかりとなるような情報は見つけられませんでした。残念ながら今もって真相は闇の中です。

第二章　日本社会を根本から変えるには

バトンを託された思いで国会に立つ

「民主党の泉房穂です。民主党・無所属クラブを代表して、総合法律支援法案、いわゆる司法ネット法案につき、みずからの弁護士としての経験と現状認識を踏まえ、関係大臣に質問させていただきます！」

二〇〇四年三月一八日、衆議院本会議。国会議員となった四〇歳の私は、議場の演壇に立っていました。

石井さんが亡くなった翌年の二〇〇三年、私は民主党から、石井さんの遺志を継いで衆議院議員に立候補しないかと打診されました。私の目標は明石市長になることでしたから、はじめは躊躇しましたが、「犯罪被害者の支援」や「離婚後の子ども支援」などの政策責任者になることを条件に、立候補を決めて当選を果たしました。

この日の国会質問で私は、当時の自民党小泉政権で進められていた司法改革について、関係大臣に問うていきました。

「この法案は、極めて重要な法案であります。司法改革の目的は、司法と国民の距離を縮める、国民に身近な司法をつくることです。国民が司法に参加する、裁判に参加することによって身近にさせるのが裁判員制度、司法サービスを国民にあまねく使いやすくするのがこの司法ネット法案です。この両者相まって初めて、司法改革は改革の名に値する改革になるわけであります。

世の中には、泣き寝入りしかかっている方がたくさんおられます。相談したくても、近くに相談するところもない。近くに弁護士もいない。相談に行っても、納得できる相談を受けられず、たらい回しにされてしまう。また、弁護士を頼みたくても、金が高くて頼めない。そんな中で、泣き寝入りしかかっている、あきらめかけている方がたくさんいます。

皆さん、そういった方々の顔を一人一人ちょっと想像して思い浮かべてください。

例えば、交通事故で片足をなくしてしまって、将来の夢を断たれてしまった若者の顔。

医療ミスで小児麻痺《まひ》で生まれてしまった子供を抱えて、悲しげな顔をする両親や祖父母の顔。

訪問販売員にだまされ続けて、破産状態に追い込まれかねないお年寄りの顔。

また、大震災で家や仕事、さらには家族までをも失ってしまった被災者の顔。

犯罪に巻き込まれ父親の命を奪われ、茫然《ぼうぜん》と立ちすくむ子供たちや母親の顔。


そんな顔を少し思い浮かべてみてください。弁護士として、そんな方々と向き合って仕事をしてきました。そんな方々に対して、国が責任を持って法律的に支援をしていく、これが司法ネット構想だったわけではないですか！」

恩師である石井紘基の助言どおり、私は弁護士になり、困っている人たちを助けてきました。そして不幸な事件で石井さんが亡くなった今、その遺志を継いで政治家となり、弱者救済に取り組もうとしている。

このときの国会質問では、「犯罪被害者の支援」や「成年後見制度の支援」など、各法案の問題点を指摘しながら、質問していきましたが、関係大臣の答弁はいかにも官僚的でした。

私は各法案において、法改革の「具体策」や、「具体的な期限」「具体的な数値」の回答を求めたのですが、返ってきた答えは「検討を重ねてまいりたい」「適切な対応が行なわれる必要がある」「十分な措置を講じているところであります」など、具体性を欠くものばかり。

そして財務大臣の答弁は、「予算措置につきましては、厳しい財政事情を勘案しつつ、関係省庁における検討状況も踏まえまして、適切な措置を講じてまいりたいと考えております」でした。

議員になって官僚の実態を知る

私が衆議院議員として活動していたのは、二年という短い期間でしたが、その間に「犯罪被害者等基本法」や「無年金障害者救済法」など数多くの議員立法を作成しました。国会議員になって驚いたのは、官僚の縦割り意識とやる気のなさ。それから間違いを認めない無謬《むびゅう》性。

石井さんからも聞かされていましたが、私が官僚のひどさを実感したのは、自分自身が国会議員になったときでした。

たとえば、弁護士時代に経験した、認知症や知的障害など財産管理が困難な方々を支援する

「成年後見」。日本の成年後見制度は本人の権利を制限し、家族に過度の負担を課すものなので、議員になったら法改正したいと思っていました。

成年後見の所管は民法なので、法務省に連絡すると、「ウチは登記を扱っているだけなので関係ありません」。福祉だから厚生労働省かと思えば、「ウチは関係ありません」。成年後見は、障害者支援の制度でもあるのだから無関係のはずはないのですが、関係ないと言い張ります。

それならどこが担当かと聞けば、裁判手続があるから裁判所だろうと言うから、最高裁判所事務総局に連絡したら、「ウチはなんの関係もありません」。カチーンときた私は、「全員来い！」と呼びつけたのですが、裁判所、法務省、厚労省、呼び出された官僚がみんなそろって、「私は知りません」。

縦割り行政の中で、省庁間でたらい回しにしてきたため、成年後見を総合的に所管する役所がなかったのです。中央省庁と私が見てきた社会の実情とのあまりの乖離《かいり》に、呆《あき》れ果てました。

ただ、心ある厚労官僚がいて、「うちの大臣に『やります』と言わせてください」と言ってきました。「大臣の指示がなければ動けない」というのは官僚の決まり文句で、私から厚労大臣に働きかけ、厚労大臣から指示がおりれば、厚労省としても動くことができると言います。

そして、厚労省からも法務省に根回しをしておくという段取りです。

どういうことかというと、法務省も自分たちの仕事を増やしたくないくせに、厚労省が断りもなく新たな仕事に着手すると「抜け駆けするな」と怒るわけです。横並び意識の強さも、官僚ならではの面倒な特徴でしょう。

段取りどおりに厚労省から法務省に話をつけて、私が厚労委員会で質問をしたら、厚労大臣の坂口力《ちから》さんが「心を入れ替えて、厚労省でやります」と言ってくれた。それで厚労省に、成年後見の所管が生まれました。嘘《うそ》のような本当の話です。ただ心残りなことに、一歩前進はしましたが、成年後見制度はその後、今日に至るまで抜本的な改正はされていません。

官僚は担当が決まらないとなにもしないし、困っている人を助ける気などさらさらない。「ろくでもない連中だ」と思ったことをよく覚えています。

「子ども」についても同じことが言えます。弁護士時代に、養育費が支払われずに泣き寝入りしている母子家庭を多く見てきたので、議員となった二〇〇三年当時、養育費の支払いに関する法整備などの子ども政策に取り組もうとしました。しかし、どの省庁にも「子ども担当」がいないのです。

厚労省の担当といえば、母子保健や、苦労しているひとり親家庭への支援など、「親」に対しての対応であって、子どもへの対応をしていない。内閣府は「計画づくり」だけで、人口統計を取って、少子化対策を考えるだけで、数字しか見ていない。文部科学省は、学校の先生に対応しているだけで、子どもなんかに興味はない。結局、「官僚は子どものことなんか考えていない」ことに愕然としました。

その後、私は明石市長として「五つの無料化」に代表される数々の子ども政策で、子どもにやさしいまちを作り、国の「こども家庭庁」の準備にも関わりましたが、国に関していえば、二〇二四年二月に、少子化対策として「子ども・子育て支援金」の名目で、医療保険にひとりあたり月一二五〇円ほど（当初は五〇〇円弱と発表）の「負担金」を課す方針を発表しました。支援金の規模は、介護保険同様、段階的に拡大させていきますから、負担額は年を追うごとにさらに増加することになります。子育て世帯を含む国民に、新たな負担を課しておいて、どこが「子育て支援」なのでしょうか？　二〇年前も今も、官僚は子どものことなんか見ていません。

国会議員時代、私は「無年金障害者」の問題にも取り組みましたが、これは学生、主婦、外国人など、制度の不備で障害年金を受け取れない方々を救うためでした。

当時、過去の法改正で、年金への任意の加入年齢が一八歳に下げられ、一八歳でも国民年金に加入できる制度になっていました。しかし周知もされておらず、一八歳の加入者は一パーセントに満たない状況。そんな中、怪我《けが》で下半身不随になった大学生が、「国民年金に加入していなかった」という理由で、障害年金を受け取れない事態が起こりました。

「一八歳で国民年金に入れるのに、入らなかったほうが悪い」「保険に入っていないから、年金は出さない」。それは官僚の論理で理不尽だろうと思い、私は厚労省と折衝しました。「事故で障害者になったら食べていけないのだから、ちゃんと年金を出しましょう」という、ごく当たり前の話です。

私に対して厚労官僚は「先輩のしたことを否定できません」と言います。その大学生に障害年金を支給することは、過去の制度改正のミスを追及することになるから、官僚の自分たちにはできないと。無謬性、つまり、「自分たちの間違いを認めることができない」。彼らは、間違っているとわかっていても、自分たちのミスを改めることができません。

「やりたいのなら議員立法でやってください」と言われたので、私が責任者になって、民主党で法改正に動きました。でも当時の民主党は野党ですから、力がありません。このときも力になってくれたのは、先述の坂口厚労大臣でした。公明党の坂口大臣は、医師出身でこのテーマにも詳しく、いかに理不尽な制度かわかっていたから、なんと大臣自ら法改正の試案を出してきました。

与党案は保守系の反対で、外国人が支給対象から外れ、結局、学生と主婦だけに支給されることになりましたが、「無年金障害者救済法」が成立。月に四万もしくは五万円の年金が出るようになりました。

無謬性と前例主義。いかに官僚は先輩のしたことを否定できないかを、見せつけられた出来事でした。

財務省対厚労省、抗争の歴史

弱者救済のための議員立法に駆け回っていた議員時代。法務省、厚労省、内閣府の委員会など、各関係省庁の官僚と仕事をしましたが、当時の私を応援していたのは、なんと財務省でした。この背景には「財務省対厚労省」の省庁間の抗争があり、財務省は私を使って、「厚労省潰し」を画策していたのです。

当時、やたらと私の部屋に来る財務官僚がいました。事あるごとに彼は、秘密の情報を私にくれます。その情報は、なぜか厚労省の不備や不始末に関するものばかりでした。「なぜそんなことを?」と不審に思ったのですが、私に情報を流すことで、厚労省潰しのリークを目論《もくろ》み、また私のことも自分たちの配下に置こうとする。官僚組織の権謀術数を目の当たりにして、私は呆れつつも「すごいなあ」と妙な感心をしたものです。

戦後の政治の歴史は、「財務省対厚労省」の抗争の歴史でもあります。戦後の復興予算を一手に握ってきた旧大蔵省（財務省）は、つねに中央省庁のトップに君臨してきました。国民の税金は全部自分のところに集めて、他の省庁に対しては、自分たちに頭を下げた人間に金を渡していく。戦後一貫して、財務省は税金を源泉とした巨大な権力を行使してきました。

ところが厚労省は、それが許せませんでした。つまり、財務省がお金を集めたところで、道路やダム、港湾建設などの公共事業に優先的に流れていき、福祉は後回し。だから、自分たちで財源を確保しようということで、厚労省は保険制度に活路を見出《みいだ》し、一九六一年の医療保険、国民年金に始まり、さまざまな保険を作り、二〇〇〇年には介護保険を作りました。

保険制度は、財務省とは直接の関係がありませんから、厚労省は別ポケットで、自分たちのお金（国民の保険料）を集めることができます。実際は、年金も現行制度の財源は保険料と税金のミックスで、介護保険も、財源の半分は税金ですから、財務省と無関係ではないのですが、そうは言っても別ポケットの財源です。

そのように財務省と厚労省との戦いがあり、政局の裏側にも、「財務対厚労」の戦いがありました。

一九九三年に石井紘基さんが初当選したときの、日本新党・細川護熙《もりひろ》首相は、財務省派（当時大蔵省）の議員でした。大蔵省をバックに細川首相は、「国民福祉税」の名目で消費税増税を目論みますが、福祉を管轄する厚生省（現・厚労省）と世論の猛烈な反発を受けて頓挫、細川政権は退陣となります。

その後、「厚生族のドン」と呼ばれた橋本龍太郎が一九九六年に首相となり、厚生省が力を持つようになります。橋本首相は介護保険法を成立させましたが、橋本内閣では前厚生事務次官が汚職で逮捕され、実刑判決を受けます。これは財務省によるリークで、厚労省潰しを目的としたものでした。二〇〇〇年代以降も、年金に関する国会議員の不祥事がリークされ、二〇〇七年には「消えた年金問題」が明るみに出て、厚労省は力を失います。そして二〇〇九年に、自民党から民主党への政権交代が起こります。

財務省は、自分たちの手元の金を増やそうとして増税をする。厚労省は、財務省に負けじと、国民に負担を課して保険制度の拡充をはかり、保険料を上げていく。だから今も現在進行形で、増税と保険の負担増が続いているのです。

国民そっちのけの、財務省対厚労省の戦い。私たち国民からすると、官僚が頑張れば頑張るほど、負担が増える構造です。官僚も政治家も、国民のことなど見てはいません。

事業仕分けを主導していた財務省

一九九三年と二〇〇九年に、自民党系ではない二度の政権交代が起きていますが、注目すべきは九三年の細川政権も、〇九年の民主党政権も、「財務省派の政権」だったということです。前述のとおり細川政権では「国民福祉税」の名目で、消費税の七パーセントへの引き上げを目論み、民主党政権では、「社会保障と税の一体改革」として消費税一〇パーセントの負担を国民に課すことを決めました。消費税一〇パーセントを「実行」したのは、その後の安倍政権ですが、「決定」したのは財務省主導の民主党政権のときです。

また民主党政権では二〇〇九年、「事業仕分け」の名目で、国家予算や公共事業の見直し、そして石井さんが追及していた公益法人、独立行政法人の廃止・移管などが行なわれました。しかし、その実態は財務省の言いなりで、財務省がかねてより仕分けようとしていた各省庁の予算や部門をカットするにとどまり、利権は温存されたまま。国民にとってなんのプラスにもならない仕分けでした。

たとえば、児童虐待に関する研修センターが仕分けの対象になりました。当時から、虐待で数多くの子どもの命が奪われ、専門性のある職員が必要な状態でした。

本来ならば都道府県ごとに作る予定だった研修センターは、当時全国に一カ所しかなかったのに、それさえ財務省は「ムダ」と判断して、仕分けの対象にしたのです。「そのような施設など潰してしまえ」ということでしょうか。

それから一〇年以上、研修センターは新設されないのですが、二〇一一年に私が明石市長となり、かねてより親しくしていた自民党の塩崎恭久《やすひさ》さんが二〇一四年に厚労大臣となった際に、塩崎さんに研修センターの必要性を説き、力を貸していただきました。土地は明石市が提供し、施設と人件費は国が予算を持つという関係性で、二〇一九年に、全国で二カ所目となる「西日本こども研修センターあかし」を設立する運びとなったのです。

行政改革の名の下に、子どものための施設を仕分けようとする。財務省が主導して、民主党政権が実行した事業仕分けが、国民の側に立っていなかったことの一例です。他にも重箱の隅をつつくような仕分けが行なわれ、本当に必要なところにはメスを入れず、石井さんが指摘していた利権の本丸は温存されたままでした。

当時の民主党の主流派の議員は財務省派でした。現在の「野党第一党」である立憲民主党が、減税に消極的なのも財務省に気をつかっているからでしょう。

若手の優秀な財務官僚は、与野党問わず有力な政治家の担当となり、情報を提供します。政治家も官僚を可愛《かわい》がり、知らぬ間に財務省の価値観に染まっていきます。もし政治家が楯突《たてつ》くようなことがあれば、官僚がその政治家のスキャンダルをリークして、潰します。中央省庁に君臨する財務省には、各省からの情報が集まるし、直下の国税庁も動かすことができます。

政治家にしてみれば、財務省に頭を下げれば出世できて、怒らせると首が飛ぶ。財務省は与党と野党の首根っこを押さえて、政権がどちらに転んでも、盤石の体制を築いています。したたかな組織です。

石井さんが「官制経済」と喝破した日本の官僚主権国家では、官僚がつねに政治の上にいるため、官僚の軍門に下っている与野党が政権交代をしたところで、国民は救われないのです。

官僚主権を支える信仰の理由

官僚国家である日本には政治家がいません。ドイツの社会学者マックス・ウェーバー（一八六四〜一九二〇）が言っているように、「最良の官僚は最悪の政治家」で、官僚というものは、選挙で選ばれていないから国民を見る必要もないし、国民に対する責任も感じていません。

右肩上がりの成長をめざし、前例主義でこれまでどおりのことを続ける。お金が足りなくなってくると、国民に負担を押しつける。財務省は税金を上げる。厚労省は保険料を上げる。それまでやってきたことを見直す発想もない方々ですから、官僚に任せていると経済は当然肥大化するし、国民からすると負担が増えるに決まっているわけです。

それに対して、本来であれば政治の立場にある者が主導して、方向転換をめざすべきなのですが、日本の場合は、官僚にものを言える政治家がいません。政治が機能していない、政治家がいないという状況が戦後ずっと続いてきているので、余計に官僚の権限が強まり、現在のように、政治家が財務省の軍門に下っている状況となっています。

建前では国民主権と言いながら、実態は官僚主権の国である日本。選挙で選んでもいない官僚が、選挙で選んだ自分たちの代表であるはずの政治家に指示をして、国民に負担を課している構造。「官僚主権から国民主権への転換」を早くから訴えていたのが石井紘基さんであり、その考えは現在の私の「救民内閣構想」にもつながるのですが、そもそも「官僚主権」の原因とはなんなのでしょうか？

いくつかの要素が複合的にあると思いますが、一番強いものは「思いこみ」でしょう。日本は受験エリートのランキングがある非常に珍しい国です。子どものころから受験競争をやってきて、勝ち残った者が東京大学に行き、東大の中でも「文一で法学部」という文化がいまだにあります。

そして東大の文一を出て官僚となった者の中から、最も優秀な人間が財務省に行き、財務省の中で最も優秀な人間が主計局に行きます。財務省主計局は、官僚社会のエリート中のエリート。官僚主権国家・日本のシステムの中枢にいるのが、彼らです。

世の中のことを知らない、社会性も身につけていない受験エリートが競争を勝ち抜き、財務省に属している。競争を勝ち抜いた財務省主計局に対する、周囲からのエリート信仰。

身も蓋もない話をすれば、競争の途中で脱落した周囲の者たちによる「主計局は賢くて、自分たちは議論しても勝てない」みたいな思いこみが、日本の官僚主権を支えているような気がします。

本当に日本にお金はないのか？

あえて言わせていただくと、財務省へのエリート信仰は、いわば思いこみにすぎないのではないでしょうか。政治家にしてもマスコミにしても、思いこみが強いから、受験競争を勝ち抜いた財務省主計局とはケンカができない。だから財務省が出してきた数字を、なんの検証もせずに信じる。

一方、私は田舎の貧しい漁師の息子で、塾に行くお金もなく、本屋で立ち読みしながら猛勉強して、東大に合格しました。すこし傲慢に聞こえるかもしれませんが、東大に行って最初に驚いたのは、学生たちのレベルの低さです。記憶することや、数字の置き換えは得意なのですが、なにもないところで絵を描いてみてと言うと、止まってしまうのです。ゼロから一を作り出す力がありません。

すでにある数字の置き換えとか、作業効率は高く、要領はいいのです。受験というせこい競争を、よりせこく勝ち抜いた者が財務官僚ですから、私は財務官僚を賢いと思ったことがありません。国民の負担を減らし、国民を笑顔にするのが、賢い人間だと私は思います。

みんな財務官僚のことを賢いと「思いこんでいる」だけです。私に言わせればマスコミの人間も受験エリートですから、反骨精神が強いようでいて、財務省へのコンプレックスがあるのかもしれません。

立憲民主党にしても、この物価高のときに、「今の経済状況は減税する場面ではない」などと言っていますが、スーパーで買い物をしている側としては、物価が上がっても、それ以上に負担が軽減されるなにかがあればいいわけですから、「食料品や生活必需品には消費税をかけない」など、国民の負担を軽減する政策はいくらでもあるはずです。財務省の言うことが正しいと思いこんでいるから、そんな当たり前のことすら見えていない。国民が見えていないし、見る気もないようです。

そんな財務官僚の中にも面白い人はいて、私にも仲良くしている方はいます。主計局出身のその方いわく、「財務省の数字は適当ですよ。私も嘘ついてましたから」とのこと。「誰も反論しないし、議論しようともしないから、マスコミなんてイチコロです」と彼は言っていました。正直で屈託のない男です。

「お金がない」というセリフは財務省の決まり文句ですが、そもそも財務省の発表している数字が本当であると、検証した人がいるのでしょうか？

まずひとつは、表の国家予算である一般会計から算出したプライマリーバランス（基礎的財政収支）だけをもとに、財務省は「お金がない」「財政赤字縮小のための増税を」とのパフォーマンスをしている節があります。そして政治家もマスコミも、その数字を鵜呑《うの》みにして「お金がない」と言っています。

また仮に財務省の数字を信じるとしても、プライマリーバランスの早期黒字化の見通しが立っている現在、これ以上「財政赤字縮小のための増税」は必要ないはずです。

表の国家予算である一般会計に対して、裏の予算である特別会計があります。財務省によれば、二〇二四年度の予算は一般会計が一一二兆七一七億円。それに対して、裏の国家予算にあたる特別会計は約四倍の四三六兆円で、一般会計と特別会計の行き来を差し引きした歳出総額の純計額は二〇七兆九〇〇〇億円です。特別会計についてはブラックボックス化されたままで、石井紘基さんが追及していた「本当の国家予算」については、いまだ議論されていません。

本当に日本にお金はないのでしょうか？

地方交付金の根拠は謎

私の感覚でいくと、明石市長を一二年務めての結論は「お金はなんとかなるし、人もやりくり可能な状況だ」でした。市長になったころは私も「日本にはもうお金がない」と思っていたので、私もだまされていたのでしょう。市の財政部局とも何度もケンカしました。

二〇一一年、明石市長に就任してまず、財政部から「将来見通しでは三年後に破綻する」と聞かされました。当時の明石市の年間予算は、一般会計と特別会計を合わせて約一七〇〇億円。市の貯金額は七〇億円でした。財政部の出してくる予測では、貯金がすぐに崩れてなくなっていきます。そのままで行けば、たしかに三年で財政は破綻します。

私も最初の三、四年は、財政部の言葉を真に受けていました。しかし一向に破綻の兆しは見えてきません。五年目に堪忍袋の緒が切れて、担当者を問い詰めました。「初年度の予測どおりなら、もう財政破綻しているはずではないか。しかし現実には、借金は返済できているし、貯金も積み増してきている。どういうことなのか？」と。

結論から言うと、財政部が出していた数字は、最悪の事態を想定した現実的ではないものでした。「市にお金が最も入ってこない可能性」と、「市がお金を最も使う可能性」を組み合わせて算出していた数字だったのです。そんな計算方法では、いずれ財政破綻するに決まってます。でも現実の世界、実際の行政では、そのような「最悪の事態」は起こりません。

これはいかにも官僚的な、リスク回避の発想です。明石市のような地方自治体の職員にしても、中央省庁の官僚にしても、基本的に役人というものは、自己保身と組織防衛の論理で動いています。彼らにとって最もリスクが少ないケース、つまり最悪の事態を前提に計算するから、「三年後に財政破綻」というような、現実から乖離した数字がためらいもなく平気で出てくるのです。

私はもうすこし幅を持たせるように、「お金が最も入ってくる可能性」と「お金を最も使わない可能性」を組み合わせた見積りも出すように指示したのですが、担当者は「国の数字が出てこないから、それはできない」と言います。国からお金がいくら来るかわからないから、数字を置き換えて計算することができない。それが地方自治体の限界なのだと。

実際に国は数字を出してきません。ですから市の財政部も、気の毒な面もありました。

地方財政で困るのは、交付金措置です。「地方間の平準化」の名のもとに、地方の財源を国がいったん集めて、「地方交付金」として各地方へ分配していきます。たとえるなら、親が兄弟三人の貯金箱を取り上げて、言うことを聞いた子からお金をあげるようなシステムです。

それだけでも理不尽な話ですが、なんと、そもそもその交付金の計算方法が「明確ではない」のです。

たとえば明石市に交付金が総額一〇〇億円振りこまれたとして、どういう計算で一〇〇億が明石に来たのか、その明確な内訳は誰にもわからないのです。交付金として来たかどうかも、わかりません。ある金額が振りこまれて、国はただ「交付金措置をしました」と言うだけです。

言うなれば、国が好き勝手に数字を出して、どういう計算で増減して「一〇〇億」という数字になったのかは、ブラックボックスの中。財務省に内訳を問い合わせても「所管省庁が幅広いから説明できません」と答えようとしません。私も相当彼らとケンカをしましたが、納得のいく回答はついに得られませんでした。「中央省庁が上で、地方自治体が下」という前時代的な特権意識で、お金がどのように流れているのか、わからせないようにしているとしか思えませんでした。

目の当たりにした国交省内のムダ遣い競争

明石市長の最後の年には、私は兵庫県治水・防災協会の会長をやっていました。県内の河川、砂防事業の促進をはかる任意団体で、その関係で国土交通省にもたびたび足を運びました。私がそこで見たのは、右肩上がりの予算競争でした。

たとえば水管理の部局があって、海岸とか河川などいろいろな部門があるのですが、全国大会と称して、部署ごとに予算を競い合うのです。前年度より予算が何パーセント伸びたかを棒グラフにして、伸び率の高い部門の課長が出世するような風潮です。

私に言わせれば、「ムダ遣い大会」です。官僚にとって大切なのは、自分の所轄でいかに多くの予算を獲得するかで、総コストを抑える発想などありません。一番お金を使った者がその後、局長になっていくような世界です。こんな時代に、右肩上がりの競争を官僚同士でしている。私は呆れていたのですが、みなさん真面目に戦っているから、なおさらタチが悪い。

公共工事の予算については、自治体側からも要望を行ない、私は県の会長として、兵庫の四一市町を束ねて要望書を提出しました。ですが驚くことに、要望書に具体的な予算額を書かせないのです。かつ、工事のスケジュールも書かせません。書かされたのは、工事の予定地だけ。緊急性のない工事も含めて、県内の山や河川を一〇ぐらい羅列させて、その中の二、三の工事を、担当課長の権限で許可するという段取りです。言うなれば、工事予定地の水増し申請。明石市の公共工事については、私は当初、本当に必要な二、三の工事予定だけを申請しようとしたのですが、「市長、そんなことをしたら、ゼロか一になります」と市の職員に止められました。国交省のやり方に異を唱えたと見なされて、予算をつけてもらえなくなると。

そして要望書を提出した後も、具体的な予算額と工期は不明のままで、こちらから再度うかがいを立てなければならないのです。まるで「早く工事を始めたいのなら、そちらから頭を下げてこい」とでもいうような見下した態度で、腹が立って仕方がありませんでした。

工事のコスト見積りを安くでもしようものなら、なぜか怒られてしまいます。官僚社会では、大きな金額の仕事をする者が偉いのです。予算額を上げると、実際の工事の発注金額との差額が生まれます。官僚の自由裁量で使える予算なので、差額を返す必要はありません。その差額がどこに行っているのか？　その行方は、透明化されていないブラックボックスの中です。

ある道路部門の課長は、「道路は造れば造るほど国民が幸せですよね」と本気で言っていました。道路は広いほうがいい、きれいなほうがいい、長いほうがいい、等々。この方も、予算は大きければ大きいほどいいとの考えをお持ちでした。

災害対策も同様で、「お金が大きいほど、できることが大きくなる」という発想のようです。担当の課長は、「山奥にある一軒の山小屋を土砂崩れから守るために、何十億円を使った」という話を美談のように語っていました。「災害対策のための工事」と言われると、つい反対しづらくなりますが、安全な場所に新しい小屋を作るという方法もあります。数百万円の山小屋を守るために、税金で何十億円もかけて、大がかりな土砂対策の工事をする必要があるのでしょうか。疑問でしかありません。

「火つけてこい！」の背景

公共事業に関しては、金額だけでなく、スケジュールも「長ければ長いほどいい」というのが、官僚の価値観のようです。たとえば幹線道路の拡幅工事なども、五年計画というと大体一〇年はかかります。

「火つけてこい！」の暴言で、二〇一九年に私が市長を辞職することになった一件もそうでした。あのときは、国道拡幅工事に伴うビルの立ち退き交渉が進んでいなかったことに対して、私が担当職員に暴言を吐いたことが問題となりました。

しかし、あの騒動の本当の事情としては、職員が「五年計画の工事を一〇年もかけて進めようとしていた」ことに対する怒りがあったのです。

問題となっていた明石駅前の道路では、道幅の狭さが原因で、人が亡くなる交通事故が起きていました。市民の命を守るために一刻も早く、工事を行なう必要がありました。にもかかわらず、当初の計画から七年たっても、当該のビルの立ち退き交渉は一向に進んでいなかったのです。そこで思わず出てしまった暴言でした。

「道路工事は、当初の予算の二倍のお金をかけて、二倍の工事期間でやるもの」。日本の公共事業には、そのような暗黙の了解が存在しているのでしょうか。五年計画なら一〇年、五億の予算なら一〇億です。「お金を使うこと」が工事の目的で、「今はなくてもよい道路も造ること」が慣習になっているからでしょうか。

あのとき、私は職員に「七年間、なにをしていたのか！」と言いましたが、工事はたまたま遅れたのではなく、最初から一〇年かけるつもりでいたようです。

そして国は、予算やスケジュールなどで、自治体が言うことを聞かなかったら、途中で予算を止めることもできます。そうすると工事全体が中断してしまいます。国の言うことを聞かないと、お金を止められる構造になっているので、地方自治体は国に頭が上がりません。これが官僚国家・日本の地方行政の実情なのです。

明石市に「お金がない」は嘘だった

公共事業に関しては、私は明石市長になってすぐ、市営住宅の新築を中止。戦後何十年と続いてきた明石市の市営住宅建設は、私をもって終わりました。そして二〇年間で六〇〇億円の予算で進められていた下水道整備計画も、一五〇億円に削減。一〇〇年に一度の豪雨での、一〇世帯の床上浸水対策に、六〇〇億円もかける必要はないとの政策判断です。どの方針決定も、やってしまえば簡単でしたが、そこに至るまでの市職員の抵抗には、半端ないものがありました。「いま必要な仕事」というより、前例を踏襲してお金と時間を使っていた、役所組織の仕事です。「それは本当に必要か?」という前例を疑う私の問いかけ自体が、市役所の中では「愚問」でした。

先述のとおり、市長に就任した当初から「お金がない」と聞かされていましたが、増税もせずに政策展開ができて、市民サービスの向上をはかり、財政は好調になり、私に対するアンチによる「泉市政では明石のインフラが壊れる」という批判も的外れでした。歴代市長が放置してきた、土地開発公社の一〇〇億円の隠れ借金も払い終わり、子どものための「五つの無料化」（子ども医療費の無料化・第二子以降の保育料の無料化・中学校の給食費無償・おむつ定期便・公共施設の入場料の無料化）を行ない、人口は一〇年連続で増加、地価も上昇、市の貯金も七〇億円から一〇〇億円台に増やしました。

市長を一二年やった結論として、「お金がない」は嘘だったと言えます。お金がないわけではありません。お金の「使途」「優先度」の問題なのです。コストバランスも考えず、緊急性も代替手段も考えず、必要性の乏しい事業を漫然とやり続けていたから、お金がないように見えていただけです。

市営住宅や下水道など、すでに整備されているインフラを対象とした公共事業では、新設でなく適正管理に注力し、その代わり今の時代に必要な、「国民の生活を支える」とか、「子育てを応援する」といった部分に予算を配分する。明石市はこうして若い世代の人口も増え、まちの好循環を拡大していきました。

国の財政に関しても、国民負担率ほぼ五割の国において、お金がないわけがないでしょうと、私は自信を持って言うことができます。

エコノミストの森永卓郎さんが書いた『ザイム真理教―それは信者８０００万人の巨大カル

ト』（三五館シンシャ、二〇二三年）が話題になりましたが、「お金がない」という考え方は財務官僚にとって宗教の教義のようなもので、彼らは先輩の言ってきたこと、やってきたことを否定できません。

官僚が気にしているのは自分の出世と、組織の先輩や同僚との関係性。そして関係のある政治家の顔色。気にするのは、我が組織と政治家だけで、国民のことは気にしていません。「右肩上がりの成長」をいまだに信じていて、「予算額は増やすべきもの」という価値判断が働いているから、コストを抑えるなどという発想は、感動するぐらい持ち合わせていないようです。

とくに財務官僚は、官僚の中の官僚ですから、組織の論理に非常に忠実です。各省庁に一度つけた予算は削ることが難しく、国家予算は膨らむ一方。その財源は国民の血税ですから、財務省が頑張れば頑張れるほど、国民負担が重くなっていくのは一種の宿命といえます。

言うなれば、財務官僚は国民の負担を増やし続ける生き物です。そこに悪気はないからタチが悪い。さらに言えば、省益を守ることで、個々の官僚が直接的利益を得ているとは限らないのです。

官僚は自らの使命に忠実なだけですから、私としてはやはり、官僚機構の暴走に歯止めをかけられない今の政治家、そして官僚の言い分を垂れ流しにしているマスコミに問題があると思っています。

官僚のムダ遣いを誰も止められない

他でも述べてきたように、明石市長時代、予算の整理を行なうときに言っていたのが、「マスト（must）」「ベター（better）」「メイ（may）」「ドント（don't）」の四つに分けるということ。ドントは「してはいけない」で、不正にあたること。メイは「してもしなくてもいい」。ベターは「したほうがいい」。マストは「しなければならない」。

私の考えでは、児童相談所の職員配置など、子どもの命を守る政策はマストです。先に述べたように、財務省主導の事業仕分けでは、児童虐待に関する研修センターが仕分けの対象になりましたが、私はマストと判断して、明石に研修センターを設立しました。

予算の整理において、メイはやめてもいい政策です。してもしなくても、いいわけですから。経済産業省の政策はメイが多いようです。たとえばコロナ禍が終わると、「産業振興」の名目で関係業界に補助金をばらまき、海外の観光客が来るからといって「インバウンド促進」の名目で補助金をばらまく。最近でいうなら、大阪万博もメイの政策でしょう。マストでは絶対にない。ベターも怪しい。でもドントとも言えない。してもしなくてもいい。メイは本来やめやすい政策です。

判断が難しいのがベターで、国交省系の事業はほとんどがベターでしょう。道路は造らないより造ったほうがいい。災害対策はしないよりしたほうがいい。土砂崩れ対策もないよりあるほうがいい。すべて、「しないよりしたほうがいい」という政策なのです。ですから、ベターという理由で押し切られてしまい、官僚のムダ遣いを止められずにいます。

ベターの政策には三つの検討が必要で、「代替策はないのか」「もっと安くできないのか」「今すぐ必要なのか」の三点をチェックすることで、大幅にコストを抑えることができます。

たとえば先述の「山小屋の土砂崩れ対策」なら、何十億とかかる大がかりな工事をしなくても、「山小屋を安全な場所に移す」代替策か、土砂崩れの心配が当面ないなら、工事を「翌年以降に行なう」こともできます。

大切な「政治によるチェック」が、日本の場合ほとんど機能していないので、国土強靭化《きょうじん》とか災害対策の名目で、予算の見直しも行なわれず、ベターの政策にお金がつぎこまれているのが実情です。これらの大規模工事の財源は税金であり、国民が日々の生活で我慢を重ねながら、負担し続けているのです。

こういった状況は、石井紘基さんが、特殊法人の旧日本道路公団の調査をしていた時代から、ほとんど変わっていないように思います。道路公団の民営化に伴い、ファミリー企業などの外郭団体へのお金の流れは、さらに見えづらくなっているかもしれません。石井さんの死によって、特別会計の闇を追及する政治家もいなくなってしまいました。

二〇〇一年の行政改革以降、特殊法人の多くは独立行政法人へと改組され、以前からあったものも含め、現在の独立行政法人の数は八七。特殊法人の数が三四。ファミリー企業も含めた官制経済の全貌は、今もなお闇の中です。

明治維新から変わらぬ官僚機構

一九九〇年初頭のバブル崩壊以降、日本経済は衰退の一途をたどってきました。この三〇年、給料は上がらず、税金が上がり、保険料が上がり、諸負担が上がり、物価も上がり、使えるお金がない。使えるお金がないから、結婚を躊躇する。使えるお金がないから、二人目、三人目の子どもを躊躇する。使えるお金がないから、経済が回らない。

失われた三〇年。官僚と政治家は、経済が成長しないような政策をわざわざ取り、少子化を加速させてきました。

ただ、官僚というものは、この三〇年で変わったわけではなく、彼らが誕生した明治時代から、その本質は変わっていないと思います。明治維新以降は「富国強兵」という形で国民に負担を課し、昭和の敗戦以降は「戦後復興」「高度成長」という形で国民に負担を課し、今も官僚はつねに国民に負担を課し続けています。国民からするとつねに税金は上がり、保険料も上がり続けてきました。

ただ、かつての日本は、それを上まわる形で経済成長をして、給料も上がっていました。右肩上がりの成長があったから、国民は持ちこたえることができたのです。

右肩上がりの成長が終わり、一九九二、三年でバブルが崩壊したとき、未来を見据えて、方針転換をしておくべきでした。インフラが一定数整備され、経済成長も止まった以上、経済を回すためには、子ども政策や福祉や教育にお金をかけるべきだったのです。それなのに、官僚と政治家は逆のことをやり続けました。箱物行政に代表される大型公共事業、大企業優遇の法人税減税、非正規労働者の増大による雇用の破壊など数々のことを。

それだけでなく消費税三パーセントを五パーセントに上げ、アベノミクスの時代には八パーセント、一〇パーセントと上げ、現在も財務省悲願の「消費税率二〇パーセント」に向けて、着々と進んでいる状況。おまけに二〇〇〇年には介護保険を導入し、いまやその保険料は当初の三倍に膨らんでいます。

本書の冒頭でも言ったように、この三〇年、日本では国民をいじめる政治が続いているから、少子化が加速し、経済は衰退を続けているのです。

他の国を見ると、方針転換をはかっています。たとえば一九九〇年代半ばまで少子化が進んでいたフランスは、強い危機感を感じ、一気に方針転換しました。少子化対策の予算を倍増し、「子どもを三人産んだ女性には老後の年金を増やす」という驚くべき制度を作り、一九九〇年代後半から出生率は上昇しています。

韓国も少子化は止まっていませんが、政府の他、自治体や企業が野心的な取り組みを行ない、国を挙げての方針転換をすることで、事態を打破しようとしています。

ただ、これには国の制度的問題もあります。フランスや韓国など大胆な方針転換をはかっている国のトップには、すべて大統領がいるのです。直接民主制の大統領制は、民衆の気持ちをダイレクトに反映するから、国の方針が一気に変わります。

そういう意味では、良くも悪くもアメリカも同じで、大統領が代わると方針が一気に変わります。ドナルド・トランプなどは顕著な例で、トランプが大統領になることで、国家が変わってしまうような流れがありました。日本の場合は、間接民主制の議院内閣制であるがゆえに、より民衆の意思が反映されにくい状況になっているともいえます。

日本人の「お上《かみ》意識」のルーツ

日本という国はヨーロッパの多くの国と違って、革命を体験していないため、民衆が自らの手で社会なるものを作った経験がありません。つねに日本の民衆の上には、「お上」がいました。それが鎌倉幕府であろうが、室町幕府であろうが、江戸幕府であろうが、ずっと「将軍様」がいたし、「天皇」もいました。

そして明治維新になって、近代化の名の下に官僚が中心となって都道府県を作り、トップに天皇を据えて、上からの命令を下々に対して下す「上意下達」の仕組みを、一気に作り上げました。中央集権体制による官僚政治の始まりです。

日本人は「お上意識」が強く、上の立場の者に対して従順です。世界的に見ても珍しい国民性だと思います。これはやはり明治維新以降に始まった家父長制と天皇制の影響が大きいと思います。明治時代から昭和初期にかけての日本政府は、「富国強兵」をスローガンに近代産業国家の成立をめざし、家父長制・天皇制による中央集権のシステムを強化していきました。このときに上意下達の仕組みがしみつき、日本人のお上意識が形成されたと私は見ています。

江戸時代の民衆は、もっと活気があったのではないでしょうか。各藩でルールもばらばらだったし、宿場町を越えると違うルールが適用される。現在のアメリカの州制度に近い社会だったと思われます。中央政府である江戸幕府に対しても、各藩が強い対抗心を持ち、地方の独立性を保っていたように思います。

ですから、明治維新以降、四度の戦争も含めて、日本はあまりにも完璧に中央集権の政治を行なったのだと思います。中央集権体制はおのずと官僚政治になってくるから、その官僚政治のまま、一五〇年以上も方針転換できていないというのが、私の見方です。

短いスパンで見れば、この三〇年の官僚政治の弊害が重くのしかかっています。右肩上がりの経済成長が止まっているにもかかわらず、税金を上げ、保険料を上げ、官僚が負担を国民に課し続けているという深刻な問題です。

このままでは日本という国は土台から崩れていってしまいます。だから、今こそ大胆な方針転換が必要なのです。それは、官僚任せの政治から、国民が声を上げて、国民のほうを向いた政治へ転換することに他なりません。

今必要な「令和の大改革」

石井紘基さんの正義にはふたつの大義がありました。「不正追及」と「弱者救済」。とりわけその「弱者救済」の部分を継ぐ形で、私は国会議員時代、犯罪被害者等基本法などを作りました。その後、明石市長となり、「五つの無料化」に代表される子育て支援政策を中心に、市民の側を向いて政治を行なってきました。それを終えた今、自分の役目として、石井さんのもうひとつの大義である「不正追及」に手をつけるときが来たと思っています。

国政における「不正追及」です。

方向性としてはふたつ。ひとつは「行政組織のあり方を見直して、お金の使い方をチェックする」。もうひとつは「国のお金の流れの徹底した透明化」です。

一つ目の方向性として、具体的には、中央省庁の再編と「廃県置圏」となります。二つ目のお金の流れの透明化に関しては、石井さんが追及していた、特別会計のブラックボックスを開けていくことになります。ただ、ブラックボックスを開けることを、それ単体でやろうとしても無理というのが私の考えです。私としては、まずは抜本的な組織の大改革をしたほうがよいという立場でいます。キーワードとしては、明治維新に匹敵する規模の行政改革。名づけて、「令和の大改革」が必要だと思っています。

国に関しては中央省庁のスリム化をはかり、地方行政では「廃県置圏」を行ない、明治維新以来の硬直した中央集権の構造を、今の時代にふさわしい柔軟な構造に変えます。廃県置圏では、現在の都道府県を廃止して、首都圏、阪神圏、神戸圏などの「圏」を全国に設置します。今ある四七の都道府県と約一七〇〇ある市町村を、三〇〇ぐらいの「圏域」に再編するのです。市町村は、各圏域の中で、現在の政令市の区のように行政区化して、議会と予算権を廃止。一定程度の行政機能と名前だけを残します（現在の東京都の二三区は、議会と予算のある「特別区」であり、「行政区」とは違います。地方の政令市の行政区には、議会も予算もありません）。

この行政区化により、現在の約一七〇〇の市町村は、ふるさととしての名は残り、一方で予算の個別性はなくなり議会も統合できますから、行政コストが一気に浮きます。

三〇〇の圏域といえば、現在の小選挙区の数ぐらいです。たとえば、神戸圏、姫路圏、淡路圏など、現在の都道府県や市町村を統合した圏域が、基礎自治体として市民サービスを担います。外交や防衛は引き続き国家が行ない、いわば中間管理職のような存在である現在の都道府県を廃止して、「国、都道府県、市町村」の三層構造から、「国、圏域」の二層構造へ転換することで、行政コストのムダを省くのです。国家という国がひとつと、三〇〇の圏域。イメージとしては、江戸時代の幕藩体制に近い構造です。

歴史的役割を終えた「都道府県」という制度

明治維新で行なわれた「廃藩置県」は、平安時代から続いてきていた日本の統治体制を、根底から変える大改革でした。日本は歴史的に、全体の国家と地域勢力から成る二層構造の国で、中央に王朝や幕府があり、地方には領主や守護大名がいるという単純な構造でした。江戸時代の幕藩体制も、幕府と藩の二層構造でした。明治維新では、中央集権的な近代国家をめざして、藩を廃止し都道府県、市町村を置くことで、新たに三層構造の統治体制を作り上げました。

たしかに明治維新のときには、中央集権的な体制にメリットはありました。これには四つの理由があります。

一つ目は、全国一律制度の普及促進。日本は近代的な中央集権国家として、税制や教育制度など、それまで地方ごとにばらばらだった制度を統一する必要がありました。明治の大合併を経て町村数は約五分の一になったものの、全国で約一万五〇〇〇以上の市町村がありましたから、全国に一律的な制度を普及させるには、府県を経由させるほうが効率的でした。

二つ目は、ハード面の整備の必要性と優先度。当時は港湾や道路、鉄道など、ハード面のインフラ整備が国策の中心でしたから、全国の公共工事を行なう行政単位として、都道府県が機能しました。国から地方への上意下達のシステムも、当時は必要だったと思います。

三つ目は、国家のソフト面の政策である、国民の生活支援の必要性。当時の日本は村社会の大家族主義、地縁血縁がセーフティーネットになっていましたから、国が支援する必要性は薄かったのです。国としてはインフラとなるハード整備を優先させて、国民の生活支援は後回しでよかったという時代背景があります。

四つ目は、裏づけとなる財源があり、人口も増えていく右肩上がりの時代だったこと。明治以降、昭和の高度経済成長に至るまで、日本では、お金と人口が増え続けるという右肩上がりの成長が続きましたから、中央集権体制を支えるだけの税収もあったのです。

ところが今は、社会環境が大きく変わり、必要とされるものも変わりました。

一つ目に、中央集権的な制度拡大は役目を終え、全国一律よりも、それぞれの地域特性に応じた政策が求められる時代です。

二つ目の、道路や港湾など全国的なハード面での整備も一定程度行なわれてきましたから、都道府県がハード面の整備を担わなければ、という必要性が乏しくなっています。それは同時に、三つ目の国のソフト面での役割、国民の生活を支援する政策が求められているということです。住民へのソフト面の支援を行なうには、四七の都道府県では中途半端なサイズ感です。実際に明石市長として一二年、市政運営を行なった経験から、三〇〇ぐらいの圏域が適正規模であると、私は思っています。

四つ目に、今の日本経済は右肩下がりです。これまで国としてやってきた政策が一〇あったとしても、これから当分の間は、九のお金でやりくりしていかないといけない。マスト、ベター、メイ、ドントの優先順位をつけて、必要な政策を選ぶことが求められるのです。地方自治体にしても、地域特性に応じた政策をチョイスしていく時代に入っています。

これらの大きな四つの変化からしても、明治維新の廃藩置県に始まった都道府県制度は、その歴史的役割をすでに終えているのです。それにもかかわらず、今も残っているがゆえに、大きなムダを生み続けています。

「廃県置圏」で日本は変わる

都道府県制度が生んでいる大きなムダ。まず一つ目は、地域特性が活《い》きないということです。都道府県は、国と市町村の間のいわば中間管理職ですから、市町村が自由な政策をとろうとすると、自分たちの存在価値がなくなるので、なにかと邪魔をしてきます。

これは次にお話しする中央省庁再編の話とも重なるのですが、たとえば私が明石市長として、市のひとり親家庭や高齢者により手厚い支援をしようとしたことに対して、総務省、そして兵庫県の担当者が口出しをしてきたことがあります。

消費税引き上げに伴い全国で実施された地域商品券の発行事業で、国のモデルケースとして総務省は、「一万円分を購入すれば一万二〇〇〇円の買い物に使える商品券」を奨励していました。一万円払えば、二〇〇〇円得をするという触れこみですが、お金に困っている人には、その一万円が出せません。ですから明石市では、同じ国からの予算を使って、五〇〇〇円分の商品券を発行しました。

当時の総務大臣は、「あくまでモデルケースなので、例外は認める」との考えでしたが、総務省の担当者が怒り心頭で「なにを勝手なことをしているんだ！」と電話してきました。大臣が認めているわけですから、私もそのように反論したのですが、「大臣はそう言っているけど、総務省としてはこの考えで整理しています」と担当者は言い張ります。「法的にはなにに使おうと自由ですが、みなさん、私どもの考えに従ってもらっていますから」と。

たしかに兵庫県の他の市を見ても、明石以外は、ほとんどの市が総務省のモデルケースに従っていました。そして県内の市の意向をまとめるのが、兵庫県の担当者の役割なのです。この件に限らず、「国の言うことを聞け」と言うのが、中間管理職である都道府県の仕事です。

他の市長の話を聞いても、みなさん、同じような経験をされていました。都道府県自身がなにかものを考えているわけでもないし、法的な決定権もないので、市町村を国の意向に従わせるのが、いまや都道府県の仕事となってしまっています。私は、総務省と兵庫県の意向は無視して、買いやすい金額に設定して、困っている人たちを対象にしましたが、「地域特性が活かされない」ことが、都道府県の一つ目のムダです。

二つ目のムダは、スピード感がないということ。通常、市が国に問い合わせをするとき、県を通さないと質問すらできません。回答も県を通して来ます。私は明石市長時代、兵庫県の頭越しに、国に直接問い合わせていましたが、私の知るほとんどの市長が、このことで愚痴をこぼしていました。

現状では、市町村からの問い合わせを県で決裁して、国に上申して、国からおりてきた回答をまた県で決裁して、市町村に回答が来ますから、国に直接聞けば二、三日で済む話が、都道府県を経由することで二、三カ月かかることもあります。本当に馬鹿げた話です。

今の時代、パソコンとメールがあるのだから、国から市町村への連絡にしても、都道府県など経由しなくても、メールの一斉送信で済む話です。

そして三つ目がコスト。都道府県の職員数もそうですし、これまで述べてきたような必要のない仕事にも、すべて手間暇とお金がかかるわけですから、都道府県が存在することで、余分なコストがかかり過ぎています。

歴史的に見て、日本のような小さな島国で、都道府県を加えた三層構造の統治体制がとられることは、ほとんどありませんでした。日本は、平安時代から一〇〇〇年以上にわたって、全体的な国と地域勢力の二層構造で統治されてきた国です。都道府県は、明治維新からわずか一五〇年の歴史しかない例外的な制度。

廃県置圏は、島国である日本の統治構造の原則に戻った、保守的な改革とも言えます。

イメージとしては、たとえば兵庫県だと、神戸市が「神戸圏」に、姫路市が「姫路圏」に変わります。芦屋《あしや》、尼崎《あまがさき》、西宮などは「阪神圏」に。淡路島は「淡路圏」に。県の中部から北部のエリアは、丹波《たんば》と但馬《たじま》がひとつか、ふたつの圏域に。このように兵庫県なら五つから七つぐらいの圏域に分かれて、その中の市は行政区となります。

圏域の規模的には、他の地域で例を挙げれば、鳥取県や島根県は、行政単位としては今のままで適正なサイズだと思いますので、「鳥取圏」「島根圏」となり、たとえば鳥取の米子《よなご》市が「米子区」に、島根の松江市が「松江区」となるようなイメージです。

このようにして、今の四七の都道府県と約一七〇〇の市町村を、一気に三〇〇の圏域に変えていくことで、現在の約一八〇〇ある議会も、三〇〇の議会に収まります。コストも浮くし、スピード感も出るし、地域ごとの特性も生きてくる。廃県置圏で、日本は大きく変わることができるのです。

中央省庁の再編

次に、中央省庁の再編の話をします。二〇〇一年に中央省庁の再編がありましたが、あのときは統合という形で省庁の数を減らしただけで、省庁の権限の見直しをしませんでした。そのため利権は温存され、縦割り行政の弊害も解消されませんでした。ですから、「令和の大改革」で私がやろうとしているのは、単に省庁の数を減らすのではなく、権限も減らしての中央省庁再編となります。

再編のポイントになるのは、国と地方と民間の三つに分けたときに、国家のするべきことを整理し直すことです。外交や防衛といった国家同士の問題、また保険や年金といった国民の生存権に関わる政策に関しては、国家が責任を持って行ないますが、国がしなくてもよい仕事については、民間か地方に分けていきます。再編することで、中央省庁の「数」だけではなく、「質」が変わります。

具体的に言うと、まず総務省の地方部門は要りません。郵政に関する部門は残す必要がありますが、先ほどの地域商品券のような地方自治に関することは、地方の裁量でする事業です。

総務省が地方自治を所管して、全国一律で同じことをさせるなどというのは、おかしな話です。

文部科学省に関しても、科学部門は残す必要がありますが、教育部門は要りません。教育は地方自治の根幹ですから、江戸時代の諸藩の藩校のような形で、三〇〇の圏域に教育の権限を付与すればよいと思います。これは昔話ではなくて、世界を見ても、現在ほとんどの国がそのようにしています。総務省と文科省については、その大半の権限を、地方の圏域に付与することで、中央省庁のスリム化のモデルとなります。

次に、民間にできることは民間に任せますが、その代表が経済産業省です。これはもう要りません。経産省は、官僚が市場や産業に過剰に干渉する、官制経済を象徴するような組織です。世界を見渡しても、このような組織のある国は、ほとんどありません。日本の場合、経産省が幅を利かせているから、中間搾取をする業者が利権を貪り、国民にお金が回らないようになっています。いわば「中抜き」の経産省です。

災害の被害者支援にしても、経産省が権限を握っているから、旅行クーポン券を発行するという、おかしな発想になります。二〇二四年の能登半島地震でも、衣食住に困っている被災者に対して生活再建の支援金を渡すのではなく、「みなさん、北陸に遊びに行きましょう」と税金を投じて、「北陸応援割」のキャンペーンを行ないました。

災害対応でいえば、国土交通省も同じです。災害が起こるたびに、被災地に仮設住宅を建てていますが、「仮設」に過ぎないわけですから、造っても壊すことになります。水道を引き、ガスを引き、建物を建て、いらなくなったら壊して、管を抜く。このスクラップ&ビルドのサイクルで、建設業界に驚くほどの金が流れています。いずれ壊すことになる仮設住宅にお金をかけるより、被災者の住宅再建や補修の資金として、国民に直接お金を渡せばいいのに、決してそれをしません。

前述したように、災害対応の事業となると、誰も反対できないし、お金も湯水のごとく使えますから、私が明石市長をしていたときも、災害が来ると、国交官僚はある意味で喜んでいるように見えました。国交省は予算も人員も、今の半分で十分だと思います。

国交省といえば旧運輸省、建設省で、田中角栄の「日本列島改造論」の時代から、道路族、建設族など、族議員の大半が、利権を地方に誘導してきた省庁です。かつては「自民党田中派の牙城」として、マスコミによる不正追及も盛んでしたが、自民・公明の連立政権となり、公明党の議員が国交大臣を務めるようになってからは、ジャーナリズムの切りこみも、かつてほどではなくなってきています。

経産省と国交省は、中央省庁の中でも利権の巣窟となっているので、このブラックボックスを開けることができれば、かなりのお金が生まれるし、利権構造も切れると思います。

私が明石市長の時代に、市営住宅の建設を中止し、下水道工事の予算を四分の一に縮小したとき、実は予算だけでなく、公共事業系の職員の数も半分ぐらいに減らしていました。公共事業では「お金と人はセット」です。その部署に人がいると、なにか仕事を取ろうとするから、ムダな仕事が増えていくのです。つまり、予算のムダ遣いを止めるには、人の数も減らす必要があります。これは中央省庁の再編でも同じことです。

私は、当初二二〇億円だった市の人件費を二〇億円減らしました。明石市は人口三〇万人で、市の職員の数は約二〇〇〇人。兵庫県では人口比にして、市職員の数が最も少ない市になりました。職員を適正な数に減らすことで、二〇億円が浮き、一方で職員の待遇は改善し、少数精鋭のチームで、全国初の施策をいくつも行なうことができました。

このとき私がなにをしたかというと、マスト、ベターなどの「仕事の見直し」と、「人の異動」です。たとえば、公共事業部門の職員数を三割から五割減らしたら、その人たちを、人手の足りない子ども政策や福祉の部署に回しました。その結果、子ども政策の部署は、予算が二・四倍、職員数が四倍になり、公共事業部門は予算も人も三割減。それでも仕事は回りました。

ですから中央省庁の再編でも、省庁をまたがる人事異動を始めればよいのです。余計な仕事を担っている職員を、人の足りていない厚労省や、消費者庁に回す。消費者庁は、日本人に消費者意識が薄いため、その重要性が理解されていませんが、悪徳商法の被害者救済に限らず、たとえば医療過誤の被害者なども「消費者」ですから、弱者救済の政治には欠かせない部署となってくるはずです。

中央省庁の場合は、職員の採用も省庁単位で行なっている現状はありますが、今も実質的には、省庁間の人事交流はなされています。ですから省庁再編に伴って、その交流の規模を拡大していけばよいのです。明治維新以来の、硬直化した縦割り行政を、横につないでいくことも、省庁再編の大きな目玉のひとつです。

財務省から政治の主導権を取り戻す

そして、財務省。財務省は廃止でいいと私は思っています。財務省下の国税庁は、税金を集める仕事がありますから、残す必要がありますが、省としては廃止して、国の予算編成を行なう主計局の機能は、総理大臣の下に持ってくればよいのです。わかりやすく言えば、総理大臣が財務省主計局の仕事を行なうということです。

本書で何度も述べてきたように、日本は「官僚主権国家」。政治家が財務官僚の軍門に下っているため、二〇〇九年に民主党政権による事業仕分けが行なわれても、国民のくらしは楽になりませんでした。ひたすら前例を踏襲して、右肩上がりの成長をいまだに信じ、「予算を減らす」という発想を持てない財務官僚に、国民の負担を減らす、思い切った改革はできません。

そして各省庁と与野党の政治家が、財務省主計局に頭が上がらない理由は、主計局が「国の予算編成権」という強大な権限を持っているからです。

ですから、いま必要なことは、国民の生活に責任を持てる政治家がリーダーシップを発揮して、国の予算編成の権限を、財務官僚から取り戻すことです。「令和の大改革」では、財務省主計局に代わって、総理大臣が予算編成権を行使して、国の仕事をマスト、ベターといった観点から見直していきます。その際、各省庁のムダ遣いをチェックする会計検査院も、総理直属の部署として活躍することになるでしょう。

この構想について、順を追ってお話しします。私が明石市長になって間もないころ、三重県の元知事の北川正恭《まさやす》さんから教えを乞う機会がありました。北川さんが知事のときにやったことは、県の財政課と人事課を廃止して、そこの職員を知事部局に異動させて、知事のもとに

「予算編成権」と「人事権」を置くことでした。県のトップである知事の権限で、予算を決めて、人事を決めていくことで、北川さんは強いリーダーシップを発揮されました。

私は、北川さんの話をヒントに、そこに市長に必要なもうひとつの要素である「方針決定権」を付け加えました。つまり、市のビジョンとなる「子どものまち明石」という「方針」を決め、そのために必要なお金をどこにつけるかという「予算編成権」を行使し、実際の施策で誰をどこに配置するかという「人事権」で、職員を動かしていきました。また、それを可能にするために、新たに「市長室」を作り（それまであった秘書課を昇格）、企画課と財政課と人事課の中心部門の実権を持ってきて、それらの決定権を、市長である私が持ちました。そうすることで、大統領に近い、強力なリーダーシップを発揮して、予算のムダ遣いをなくし、数々の「日本初」の政策を実施して、冷たかった明石のまちを、子どもにやさしいまちに変えることができたのです。「ワンマン手法」「明石のトランプ」など、アンチからの批判もありましたが、大半の市民からは感謝され、「明石市には、喜んで税金を預けたくなる」といった声もいただきました。

日本は議院内閣制で、総理大臣を置いている政治体制ですが、二〇〇一年の小泉純一郎内閣のあたりから、内閣府に人材を集め、トップダウンの政策決定をする流れが生まれ、二〇一四年には、第二次安倍晋三内閣のもとで内閣人事局が発足。事務次官をはじめとした官僚の人事権も、総理大臣が握るようになってきました。問題となるのは、その強力な権限を、「国民のために使うのか、既得権益のために使うのか」。そこには国の舵取《かじと》りを誤り、不正や汚職を生む危険性もはらんでいます。しかし、総理大臣が強力なリーダーシップを発揮できる体制自体は、確立されてきています。

話を戻すと、中央省庁再編の決め手としては、財務省を廃止して、新たに総理官房府を作り、主計局の機能である予算編成権を、総理官房府に移す。これで国の方針決定権と、予算編成権と、官僚機構の人事権を、総理大臣が持つことになります。

私の恩師である石井紘基さんは、官僚国家のブラックボックスである特別会計の闇を追及する途上で、命を落としました。石井さんの「不惜身命」の決意は尊いものですが、国会質問での不正追及にはおのずと限界があることも、私は石井さんの死から学びました。利権のブラックボックスを単独で開けようとしても、それを阻む大きな力が働くので無理というのが、私の考えです。

石井さんが生前、掲げていた「国民会計検査院」の構想にしても、理念は共有できますが、民間の団体が、国家権力である官僚機構と互角に渡り合えるかといえば、難しいと思います。

ですから私としては、次にお伝えする「救民内閣」構想に基づいた選挙戦略で、国民の信任を得た政治家が、政治の主導権を官僚から取り戻すことが先決だと思っています。そうして廃県置圏や中央省庁の再編を段階的に進めていく中で、特別会計のブラックボックスも、やがて開くときが来るでしょう。

「救民内閣」構想

現在の日本の社会構造は、「一番上に官僚がいて、その官僚の軍門に政治家が下っていて、その政治家が国民に負担を課す」という、上意下達の構造になっています。政治家は与野党ともに官僚の支配下にありますから、このまま政権交代をしたところで、国民にとっては変わりがありません。

それに加えて、マスコミが官僚の横にいて、政治家を叩くネタを官僚からもらい、検証も批判もなしに、国民に対して垂れ流しています。学者も同じです。テレビや新聞では毎日のように、官僚と結託している御用マスコミと御用学者たちが、「国民の負担やむなし」といった、官僚の側を向いた発言を重ねています。

前回の総選挙である、二〇二一年の衆議院議員総選挙の投票率は、五五・九三パーセントと

国民と官僚の居場所を入れ替える

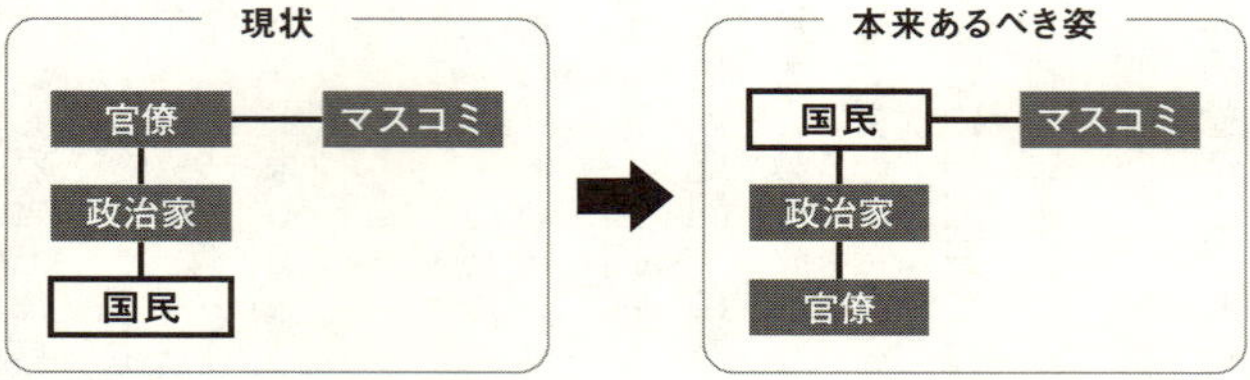

低いものでした。それでも、曲がりなりにも、自分たちが選んだはずの政治家です。それなのに、選挙で選ばれていない官僚の言いなりになっている惨状です。私たち国民は、「では、どうすればいいのか？」という話になります。

国民負担率がほぼ五割で、その恩恵となる社会保障も充分でない日本国民にとっては、今まさに社会構造を転換させるときです。

国民の居場所と官僚の居場所を入れ替えて、主権者たる国民が選んだ政治家が、国民の支持に従って、官僚に指示する。マスコミも、主権者たる国民の隣に立って、国民目線で報道をする。

官僚主権国家から、国民主権国家へ。私が現在、いろいろなところで発信している「救民内閣」構想も、このビジョンを実現するための第一のステップです。

石井紘基さんの晩年の著書『日本が自滅する日――「官制経済体制」が国民のお金を食い尽くす！』（PHP研究所、二〇〇二年）には、「構造改革のための二五のプログラム」という改革案があります。その一番目のプログラムが、「既得権益と闘う国民政権をつくる」でした。これはまさに私の救民内閣構想と同じ理念です。二二年前からすでに、石井さんは右左の対立ではなく、上意下達の構造を逆転させる立場で活動されていました。その他にも「徹底した地方分権を断行する」（プログラム一七）、「五年で予算規模を二分の一に縮小する」（プログラム一八）と、令和の大改革にも通じる国家のビジョンを、石井さんは見据えていました。

私は私の戦い方で、石井さんの遺志を継いでいきたいと思っています。

「救民内閣」実現へのシナリオ

とはいえ現実的に考えたとき、救民内閣の実現は、簡単なものではありません。現在、「七つのステップ」として伝えています。順番でいくと、まず、もっと世論が高まらないといけません。世論が高まり、大同団結して、候補者調整をして、「国民の味方チーム」として、次の衆議院議員選挙で過半数を取る。これは単独過半数である必要はなく、オセロの盤面にたとえれば、黒や白一色でなくてもカラフルな連帯で過半数を占めることで、政権を取ります。

政権を取るというのは、それにふさわしい人物が総理大臣になるということですが、議会の承認を得ないかぎり、総理ひとりでは、方針転換できません。ですから私の考えでは、方針転換を行なうまでに五回の選挙が必要になります。

最初の政権で予算を通そうとしても、おそらく既得権益側の議員は賛成しないでしょうから、解散総選挙をして、「国民の味方チームのふりをした方々」を「本当の国民の味方」に入れ替える必要があります。この二回目の選挙に勝って、予算を通します。

予算を通しても、関連法案は通りません。関連法案を通すためには、参議院の過半数が必要で、二〇二五年と二〇二八年の二回の参議院選挙に勝つ必要があります。こうして、やっと二〇二八年で法律が通るようになります。その間にもう一回衆議院選挙がありますから、結論からいうと、五回の選挙に勝たないと、国家の方針転換のための法律は通りません。

その法律の中には、「国民の負担減」に関するものも、「廃県置圏」に関するものも、「中央省庁の再編」に関するものもあるでしょう。中央省庁の再編の過程で、特殊法人や独立行政法人の改革も行なうことになります。

今の私の考えでは、まず一回目の選挙公約で、一つ目に「食料品などの生活必需品に関しての時限措置における消費税ゼロ」を掲げ、スーパーで買い物をしても、税金がかからないようにします。公約の二つ目は「子育てや教育の無償化」。三つ目が「ガソリン税のトリガー条項凍結解除」。とりあえずこの政策で一致できる人たちと大同団結して、政権を取るということです。

その後の流れとしては前述のとおり、財務省派の古い政治家を入れ替え、中央省庁の再編を視野に入れ、国民生活が安定するような状況を見据え、断続的に改革を進めていくことになると思います。中央省庁の再編には、やはり一〇年ぐらいはかかるでしょう。本書では、その青写真をすこしお見せしましたが、実現するには、かなり大変な作業になると思っています。約一〇年の経過措置を見ながら、選挙に勝ち続けて、主要省庁を再編成していくことになるでしょう。

そして、忘れてはならないのは、この選挙は、私たち国民のためのものであるということです。自分の投じた一票で、支援している候補者が当選する。政権が変わる。消費税がゼロになる。そういった成功体験があきらめを変え、力となり、日々のくらしを実際に変えていきます。「自分たちが投票すると勝てる」と思うことが大事です。明石市民の勝利はそこから生まれました。自分たちでまちを作り変えてきたという誇りがあり、そのポジティブな気持ちがまわりにも波及していったのです。

できることは投票だけではありません。私たちには参政権があるのですから、立候補だってできます。既得権益側の古い政治家はもう必要ありません。情熱と判断力と責任、そして民衆への愛がある方に、ぜひ政治家になっていただき、国民の側を向いた政治をしていってほしい。

そのように私は願っています。

第Ⅱ部

〝今〟を生きる「石井紘基」

議員会館の自室での石井紘基

第三章〈石井ターニャ×泉房穂　対談〉

事件の背景はなんだったのか？

対談の一人目は、石井ターニャさん。石井紘基の一人娘で、故人の生前に秘書を務めた時期もあり、つねに近くで父を支えていた。肉親が殺害されるという苛烈な出来事を乗り越えながら、さまざまな経験を重ねて生きてきた。近年では、石井の遺《のこ》した膨大な資料をデジタル化するプロジェクトにも着手している。父の素顔、選挙戦や議員会館での思い出、そして事件当日のある出来事。人知れず胸に秘めてきた思いを、打ち明けていただいた。

母のおなかの中で日本に来ました

泉　ターニャさんは石井紘基さんとは親子の関係であり、秘書でもあったから、そのあたりを含めてのお話を聞かせてください。この本の第Ⅰ部でも言及しましたが、一九八九年、今から三五年前に、私は石井さんの『つながればパワー』という本を読んで感動して、お手紙を書いて、会いに行きました。そこで石井さんから「選挙を手伝ってくれないか」と頼まれ、一年間寝食をともにすることになります。

石井ターニャ氏　　撮影：内藤サトル

当時、ターニャさんは高校生でしたね。石井さんとは毎日のように顔を合わせていたけれど、ご家族とはそこまでお会いしてはいませんでした。当時の石井さんは、社民連の江田五月さんに秘書として仕えていたけれど、意を決して、自分が立候補することにした。家族としては、どんな受け止め方をしていましたか？

石井　当時はよくわからなかったのですが、叔母から伝え聞いた話では、父は秘書を長くやっていたころ、祖父（紘基氏の父）からあるとき、「政治をやるなら自分が立候補しろ、立候補しないのなら辞めろ」と言われたそうで、それが政治家になることを最終的に決意した決め手であったのではないかということです。

泉　ターニャさんから見て、石井さんはどんなお父さんでしたか？　あまり家にいなかったんじゃないですか？

石井　あまりいなかったですね。でも家にいるときはいつも、モコモコのガウンを着て、おなかが出ていて、くまのプーさんのようでした。私が子どものころは、父は日ごろの疲れからか、休日は家で野球やゴルフ番組などを見ながらテレビの前で寝ている印象が強かったのですが、泳ぎやスキー、昔ながらの子どもの遊びなどを教えてもらいました。国会議員になってからの晩年は、選挙区の行事も忙しくて、休みなしで働いていました。たとえば、お祭りの時期など一日に五件も六件も同じ時間帯に行事のため複数箇所をまわって、支援者の方々と遅くまでお酒にもつきあう。でも、翌朝は早く起きて国会に行く。地方選挙区選出の議員の方々であれば、そのような地元の会合、イベントは「地元にいません」と言えば秘書の代理で済むことも、選挙区が東京だったので、そうはいきませんでした。翌朝には国会で難しいテーマを扱って頭を働かせなくてはならない。あのようなハードスケジュールは、到底わたしには不可能だと思います。

プライベートの父は、晩年は早く帰れる日は少なかったのですが、時間のあるときはスーパーで自分で買い物をし、料理を作って私たちにふるまってくれることもありました。父の祖父母は伊豆半島にいたということもあってか、魚料理が中心でした。アジのたたきとか、郷土料理風のものや、煮魚などが多かったです。いわゆる「男の料理」という感じでしたので、料理の後の片づけは、母か私の担当でした。両親は共働きでしたので、父は洗濯など一通り自分のことは自分でやる人でした。自宅にいる時間は、ゴルフ、動物もの、落語などの好きな番組の録画を見て、好きなものを食べながらくつろいでいました。父は自宅では、お酒を一切飲みませんでした。その代わり甘党で、事務所でいただいたお菓子などもよく持って帰って、おいしそうに食べていました。そして私がそこからそおっともらって食べてしまうので「えっ、また食べちゃったの?」とお互いに笑いながら、ダイエットはなかなか(笑)。父とは、若いころは共通の話題があまりありませんでしたが、唯一、飼っていた動物とは一緒に遊んだりしました。鳥を飼っていたときは、私が鳥に芸を教えたら父はひっくり返って笑っていたのが今も印象的です。そう、家ではのんびりした父でした。

泉　石井さんは、ソ連に留学していて、そこで奥さんとなるナターシャさんと出会って結婚して、日本に帰ってきた。

石井　当時、父が留学するということ自体、大変なことでした。船で見送りの人たちに紙テープを投げて送ってもらったそうです。ひとたび故郷を離れてしまえば、帰りたくても簡単に帰

モスクワ大学の前で。留学時代の石井

ってこられる時代ではなかったんです。そうして父がモスクワ大学に留学しているとき、母はモスクワ国際関係大学という、外交官になる方も多く輩出されている大学に通っていました。そこで創設されたばかりの国際関係学部日本語学科に母はいたのですが、そのころは日本人の先生はまだいなくて、授業も新聞の切り抜きを読むことが中心だったそうです。そこで、日本から来た総評弁護団（現・日本労働弁護団）の通訳として学生だった母が派遣されたのですが、母は日本人の言っていることがなんにもわからず……。そこへ留学していた父が、日本から預かってもらった味噌《みそ》や醤油《しょうゆ》を受け取るため総評団に偶然現れて、てきぱきと通訳してくれたそうで、母からしたら「まあ！　憧れの本物の日本人！」と感激したらしいのです。

泉　石井さんはかっこよかったしね。

石井　晩年の父は、ちょっとずんぐりむっくりですけど。若いころはもっとスリムでした。母は子どものころ、ザ・ピーナッツの曲がラジオで流れていて、みんな涙を流して聴いていたということもあったそうですが、日本への憧れがあったといいます。それ以来、父のところへ食べ物を届けたり、なにかと世話を焼きに会いに行っていたそうです。

泉　その話は聞いた記憶があります。奥さんのほうが押しかけてきて、日本についてきたのですね。

石井　はい。母は厳格な父親の反対を押し切って、まずモスクワで結婚式をしました。ところが母は、エリートの大学にいて、国もすべて捨てていくわけですから。当時は外国へ行くのは大変なことでしたので、なかなか日本行きの許可がもらえなかったと母の友人から聞きました。結婚してしばらくたって、父はビザの関係で帰らなくてはならず、母も同行する申請をしていましたが、父が先に日本に行って、母はモスクワで待っていたそうです。その後、母が妊娠していたこともあってか、ようやく許可がおりた。ですから私は、いつ日本に来たかと聞かれると、「母のおなかの中で日本に来ました」と答えています。

娘から見た父・紘基

泉　そういう経緯だったのですね。お母さんは日本に来て、仕事をしていましたよね。

石井　はい。私がおなかの中にいたころ、母国と違い日本では夫婦同伴で出かける習慣がなかったので、父が夜遅くまで外でお酒を飲んで帰ってくることが理解できず、母は家でひとりで泣く日々があったそうです。あるとき父が母を一緒にお酒の席に連れていったら、本当に日本では男性だけで居酒屋に行っていることを知ったというエピソードがあります。私が生まれてからは、母は、NHKの国際局で海外向けラジオのアナウンサーをしたり、筑波大学、早稲田大学でロシア語を教えていました。

泉　NHKの「ロシア語講座」に出演していましたよね。

石井　母が若いころ出演していて、私も赤ちゃんから成人まで出演していました。

泉　親子で出ていたのですね。

石井　父が社民連にいた時代、私は子役をやっていたので、父が国会議員になってからのパーティーの壇上で、ゲストの菅直人《かんなおと》さんが「石井さんはステージパパになったかと思ってた」と冗談を言っていました。

泉　最初からずっと政治家のお父さんですね。そのころは社民連の事務局長を。

石井　はい。叔母から伝え聞いたのですが、父は「江田三郎の精神を自分が一番受け継いでいる」と思っていたようです。国会議員になってから、議員会館の部屋の父の椅子の後ろには、江田三郎さんの写真が額に入れられていつも高いところに飾ってありました。

泉　そう。社会党書記長だった江田三郎が亡くなったのが、一九七七年五月二二日。息子の江田五月さんの誕生日に亡くなったのです。それで当時、江田五月さんは裁判官だったけれど、父が自分の誕生日に亡くなったので、「天の啓示」と思って、意を決して立候補した。

　そのときに石井さんが中心となって、江田さんのことを手伝ったそうです。その話はだいぶ聞きました。

石井　はい。社市連（社会市民連合）の事務局長という形で。私は小さかったのであまり記憶にありませんが、古い写真を見ると、当時は菅さんや江田さんをはじめ、いろいろな方々と家族ぐるみで集まっていたようです。子どもたちが同年代でしたので、誰かの家に集まって一緒に遊んでいたようです。

泉　社市連の立ち上げが一九七〇年代で、石井さんが立候補に向けて活動を始めたのが八九年、九〇年の選挙だったから、その十数年間は、社市連、のちの社民連の事務局長として活動していたんですね。

石井　当時は古い議員会館で、私が小学生のときに家の鍵を忘れたりなんらかの理由で、父のいる議員会館に行くこともありました。ですから、子どものころから議員や秘書の方々に会う機会も多かったです。国会は身近で、議員のみなさんにも可愛がっていただいて。

泉　自分からしたら、石井さんは恩師ですが、子どもから見たらどういうお父さんでしたか？

石井　父は子どもが好きで、私が小さいときは私の友達とも遊んでくれました。買い物に連れていってもらうと、普段、母には買ってもらえない人形などをこっそり買ってもらえたり、おもちゃ売り場やペットコーナーなど、私の行きたいところへつきあってくれるのが嬉しくて、父と出かけるのが好きでした。子どもに甘いから、母に叱られる。「あなたがそうやって甘やかして、叱らないからよ」と。おっしゃるとおり、父は弱者の味方だったし、夫婦ゲンカもありましたけど、自分の兄弟や親の面倒を見たり、悪さをした飼い犬をかばったり。やさしい人でした。

私が物心ついてくると、厳しさもありました。とくに嘘をついたり、なにか道に外れるようなことに関してはとても厳しかった。

泉　まっすぐな人でしたよね。そういう意味では、事務方にしてはちょっと真正面過ぎるタイプでしたね。「間違いは許さない」とか、「筋を通さないといけない」と。

石井　黙ってなにも言わないときも多々ありました。普段は口数の少ない人でした。

泉　正義感の強さが「弱者救済」にも行くし、「不正は許さない」にも行く、厳格な人でしたね。

石井　はい。怒ると怖かったですが、怒った後は、私が子どものころは、よくその理由を長時間語るときもあったし、手紙を書いてくれたときもありました。

泉　石井さんの字は達筆過ぎて、読めませんでしたよね。

石井　そう。私はなんとか読めるようにはなったんですけど。

泉　あれがもし読みやすい字だったら、残っている資料も、もうすこし読めたのに。私は読もうとしても、なかなか読めなかった。本人は読めるだろうけど……。

一九九三年のトップ当選前は極貧状態だった

泉　私が石井さんの選挙を手伝ったのは、一九八九年から九〇年の一年間でした。次の衆議院議員選挙が行なわれた一九九三年に、石井さんは日本新党でトップ当選したけれど、あのときはもう選挙を手伝っていたのですか？

石井　はい、手伝っていました。父の選挙浪人期間中、生活費は母が担っていたんです。父にとっては、社会的にも経済的にも人生で一番つらい時期だったと思います。私も思春期で難しい年頃でした。そのため、家庭内もなかなか大変な時期でした。社民連で落選した当時は中選挙区制で、「選挙一回に一億円かかる」という時代の最後のころでした。その選挙後、父は浪人生活に入ったため、我が家はお金には苦労しました。私も私立高校から私立大学に入ったものの、周囲とのギャップのある極貧生活みたいになってしまって。母には本当に苦労をかけました。

泉　ターニャさんはご家族だから、言葉を選ばずに言いますけど、石井さんは気前がいいというか、ボンとお金を出すようなところはありましたね。その結果、ご家族はいろいろ苦労もなさったと思います。

石井　父は人に頼られると、断れないところがあったので……。

泉　政治に対する思いが強いから、大義のために使うお金だったら、糸目をつけませんでしたね。「世の中を正すために、自分がやらねば誰がやる！」という感じでした。

石井　父は全部ひとりで抱えてしまうので、ちょっとやり過ぎなぐらいでした。なんでもひとりで抱えてしまう人だったと思います。でも、自分が年をとった今、なんとなく父のことがわかるようになってきて、父は強い人だったんだなあと思います。

泉　石井さんは九三年、最後の中選挙区でトップ当選しました。その次の九六年は比例で当選して、二〇〇〇年も当選しましたね。だから衆議院議員を三期務めています。ターニャさんが秘書になったのは、いつからですか？

石井　大学を卒業して、すぐです。思い起こせば、日本新党で初当選する前は、もう本当にぎりぎりの家計で、「今月越せるかな」という状態で持ちこたえていました。

泉　あのとき、そうだったのですか？

石井　はい。母が「もうこの家もなくなるかも……」と言っていました。私の友人たちが、バブルの終わりのお祭り騒ぎで遊んでいるときに、私は選挙の手伝いで、電信柱にも頭を下げていました。父はまだ世間に知られていなかったから、誰もビラを受け取ってくれず挙げ句の果てには罵声を浴びせられたり。

私もすこし精神的に追い詰められた時期もあって、身体症状に現れてしまったこともありますし、親に反発したこともありました。それでも寡黙な父の背中を見ているうちに、たとえば選挙の最終日の深夜零時ぎりぎりまで交差点で手を振り続けた姿に、「私も父を支えなくては」という気持ちが芽生えてきたのです。

泉　一九九三年の選挙は、結果においては日本新党でトップ当選だったけれど、それは結果であって、その手前あたりは大変だったんですね。

石井　はい。人手もお金もないから、私はもうフル稼働で、選挙カーから手を振ったり、自分にできることはなんでもやりました。そしてやはり父も、あの時期の苦労が大変でしたから、ある時、高齢の女性が、応援の手紙と少ない年金の中から五〇〇〇円札を送ってくれたときは涙が止まらなかったと言っていました。

泉　石井さんはそういう人でした。支援者からもらった、ささやかな手紙を大事に持っていました。民衆の思いを支えに、政治を頑張る人でしたね。

「不惜身命」の覚悟で生きた石井紘基

石井　私は大学在学中、ＮＨＫの「ロシア語会話」に出演していたのですが、卒業後に父の事務所を手伝ったことがきっかけで、秘書の仕事を始めました。

泉　議員会館の秘書ですね。

石井　はい。最初は、すこし手伝うだけのつもりだったのですが、まずは洗礼として、かかってきた電話が早口の専門用語でなにを言っているかまったくわからないところからスタートし、その後だんだん慣れてきて、そのうちにいろいろな面白い経験もできて。自分は環境系のテーマに関心があるため、その勉強会に秘書として出席したりもしながら、あっという間に一年、また一年とたっていきました。議員会館の事務所はスタッフが私ひとりのときも多く、人の出入りが多かったので国会会期中などの大変なときにはパソコンを打ちながら電話の応対をし、同時に来客の対応もしていたので、手や足がタコみたいにたくさんあればいいのにと思っていました。トイレに行く暇もないことも多々ありました。父の執務室は書類の山で、父は、家に帰るのが嫌なのか（笑）、仕事にのめりこんでいるのか、いつも夜遅くまで働いていました。きっと集中できる場所だったのでしょう。質問や政策の仕事は秘書にはやらせずに、全部自分で調べたりする人だったので、きっと「国会で追及するからには、知識や情報にぬかりがあってはならない！」ということから徹底的に準備や調べものをしていたのだと思います。資料や原稿はすべて手書きで、秘書がパソコンに打ち直す量も毎日たくさんありました。

泉　石井さんは夜遅くまで仕事をしていましたよね。私もよく覚えています。

石井　もう議員会館に住んでいるのではないか、ぐらいに。

泉　それぐらい没頭するんでしょうね、調べものに。

石井　守衛さんからいつも電話がかかってきて、「あの、何時ごろ帰りますか？」と。「ここは仕事をさせないようにしているんだ！」と、父は怒ってましたね。時間になると冷暖房も切られてしまうし、土日も同様だったので。多くの国会議員の方々は、地元が遠いから週末は地元へ帰りますし、議員宿舎を借りることもできますが、父の場合は選挙区が世田谷で近いので宿舎の割り当てはなく、いつも議員会館に詰めていました。

仕事は家に一切持ちこまない人でしたし、大量の資料でしたので、持ち運ぶと今度必要などきに探したり取りにいったりしなくてはならないという理由もあったかもしれません。

泉　石井さんは、議員会館にほぼ全部の資料を置いていて、もう山のようでしたね。

石井　雪崩が起きそうな中で、仕事をしていました。

泉　そう。こつこつとデータを積み上げていく人だったから。

石井　でもあれだけ山積みになっていても、自分では、どこになにがあるかが全部わかっているみたいでした。すごいと思いましたね。

あと、すこし話が飛びますが、議員は次の国会質問の通告を、役所に対して事前に行なわなければならないのですが、父はそれを、意図して「しない」ときもあったのです。父には、「大臣の発言は法に準ずる」という信念があり、役人が用意した逃げの答弁をさせないという目的もあったようでした。役人の方が何回も電話をかけてくるのですが、そんなときは私が対応に苦労したというエピソードもあります。

泉　国会質問は、役人が事前に議員の質問を知った上で調整し、出来レースで答弁していますからね。でも石井さんはそうではなかった。いつでも真剣勝負の人だから、「その場で質問をぶつけて、その場で答えるのが本来の政治だ」という考えをお持ちでした。「国会は議論の場だから、そこで丁々発止やればいい」と考えたんでしょうね。石井さんはよく質問していましたよね。半端ない数の質問をしていました。質問の準備も入念にする方だったたし、途中から「国会の爆弾発言男」になっていったし。それに伴い、石井さんのもとに、いろいろな情報が集まるようになっていった。

……すこし危ない話になるけれど、石井さんは真剣に仕事をして、徹底的に不正追及もしているから、怖い目に遭うとか、リスクを冒すこともあったと思います。ターニャさんは近くで見ていて、どうでしたか?

石井　はい、父は「国会Gメン」という調査チームを立ち上げていたのですが……。

泉　原口一博さん、上田清司さん、河村たかしさんたちがメンバーでしたね。私も今も、そのお三方とは話すけれど、やはりいつも石井さんの話ばかりになる。それでみなさん共通しておっしゃるのは、「石井さんは正義感が強くて、本当に鋭い方だった」と。でもその分、リスクも高かっただろうなと思って。

石井　はい。父には義憤みたいなものもありましたし。

泉　「義憤」という言葉は石井さんに合いますね。「義を見てせざるは勇なきなり」。世の中に対して、「こんな世の中は間違っているから、自分がなんとかしてみせる」と。他人がしなくても自分がやるという人だった。

石井　あとはやはり、苦労した者が報われないことに対する義憤ですかね。

泉　私が、石井さんのことで自分に重なると思うのは、石井さんの座右の銘が「不惜身命」といって、自分の身も命も含めて捧《ささ》げるぐらいの覚悟で、不正を許さなかったということ。あとは、報われないことに対する憤りなんですよね。「頑張った者が報われない。それはおかしいじゃないか」と。「一生懸命汗をかいて納めている税金を、ムダ遣いするなんて絶対によくない」と。それでは国民が報われないし、そんなことにお金を使う政治は間違っているという信念は、強い人でしたね。

石井　それはたぶん、自分も選挙に出て以来苦労してきたので、生活に苦しむ市民の気持ちをわかっていたからだと思います。あとは江田三郎さんの姿が、忘れられないと言っていました。

泉　その話は私もよく聞かされた。「江田三郎さんは立派な人だ」と。安保闘争のデモで、「政治家が国民と権力のどちらを向くか」というときに、警官に向かって「学生を殴るな!」と体を張っていたわけだから。あの人は半端じゃないと。

石井　父は、自分が政治の表舞台に出ると決めてから、はじめ落選し、経済的にも苦労し、それでもあきらめずに議員になりました。そして羽田内閣で総務政務次官になってから、特殊法人などの問題、この国の「知られざるからくり」が調査で見つかり始めて、議員の国政調査権をもってして証拠がだんだんと積み上がっていき、自分のテーマが見えてきたのだと思います。先ほどの質問の「危ない話」というところでいえば、父が言っていたのは、二〇二二年の安倍元首相銃撃事件にもからんでいた統一教会問題のとき。「あのときは本当に命の危険を感じた」と言っていました。

事件直前の父の異変

泉　石井さんは、オウム真理教と統一教会、両方の問題を追及していましたね。紀藤正樹弁護士と一緒に、被害者救済に取り組んでいました。

石井　父は一九九五年頃、統一教会が世田谷に進出しようとしたとき、地域住民の反対運動に参加して、危ない目に遭っています。そしてそのときの関係者の名前が、二〇〇二年の父の刺殺事件の裁判のときにも出てきたのです。当時はなぜか気に留めなかったのですが。

それから月日が流れて、二〇二二年の安倍元首相の銃撃事件のとき。私の中で急に、当時のふたつの記憶がつながってしまって、「あれ？　まさか……」と。その関係者と、父の刺殺事件との関係性は、わかりませんけれども。でも父が亡くなる直前は、父に危険が近づいていることは、周囲の人たちにも伝わっていたのではないかと思います。

泉　事件の真相を追及したドキュメンタリー番組（「『日本病』の正体〜政治家　石井紘基の見た風景〜」フジテレビ、二〇〇三年）でも、石井さんから友人への手紙で「身を挺《てい》して闘わなければ務まらないのが、歴史的仕事ということでしょうから」とありました。やはり本人もリスクを感じていたんでしょうね。

石井　今、実行犯として刑務所にいる人（伊藤白水受刑者・無期懲役）は原付バイクしか持っていないのですが、事件の二、三日前にも父は車に追い回されて、千駄ヶ谷の知人の事務所に逃げこんでいます。そこでは講演会をしている最中で、父も成り行きで壇上に上がったのですが、そのときの写真を見せてもらったら、もう父は尋常ではない顔をしていたのです。

母によると、その日の朝か次の日の朝、父がリンチを受けたような状態で帰ってきたとの話もあります。

そして事件の前の晩と当日の朝。父はリビングで私に「ターニャ、あの……」って話しかけてきたんです。私はそのときなにか面倒な話だと思って、「え、なに？」なんて邪険にしてしまって。そうしたら父は、「なんでもない」って。

あのとき父の話を聞いていたら、殺害の原因がわかったかもしれません。でも、聞かなかったからこそ、私たち家族は無事でいられたのかもしれません……。

父亡き後に議員関係者から、「官邸と取引の話もあった」と聞きましたし、裏社会の話でいえば、父亡き後にある人物から、「二回警告したけど、石井は聞かなかったから」という話を伝えられたこともあります。

ですから、父はなにかを追っていたのだと思うし、そこでなにか取引の話はあったにしても、そこで相手に呑まれてしまったら、自分の生きざまが曲げられると思ったのかもしれません。父は大きな恐怖にも立ち向かって、逃げませんでした。

父は坂本龍馬に憧れていて、「太く短く生きる」とよく言っていました。また、江田三郎さんのように、死んでから評価される人になりたいとも言っていました。江田三郎さんの葬儀には、駅までの長蛇の列ができていて、そのとき父は心に決めたそうです。ですから父は、覚悟を持って生きたと思うのです、あのときも。

泉 覚悟を持っている感じでしたね、本当に。

石井 はい。

泉 なんであんなに腹をくくれたんだろうね？　ひとつの覚悟だったんだろうか。やっぱり義憤かな。石井さんには「自分がやるしかない」という、一種の悲壮感もありましたね。他の人に任せられないとか、「君は知らないほうがいいよ」というような雰囲気がありました。自分だけが抱えこむ感じはありましたね。

石井　いま思えば、父は江田三郎さん亡き後は、秘書や事務方といった「脇役」でいた期間が長くて、どこかで覚悟したんでしょうね。「自分は勝負に出る」。あるいは、総務政務次官になったときに見つけたテーマ「この国の本当の姿を国民に知らせる」ことに身を捧げる覚悟をした。

また、父の本（『日本が自滅する日』）を読んだ安富歩先生は、「知識欲がなければ、ここまで行けない」とおっしゃっていました。政治家としての信念だけではなく、学者的な知識欲も相まっての行動だったのだろうと。知識欲は、脅しに屈しないとも。

泉　「自分の命を捧げてでも、世のため人のため」という思いは、強い人でしたね。危ない状況を、本人はひとりで抱えこんでいたんだろうな。家族にも言わなかった。言おうとしたけど、言わなかった。

石井　原口一博さんと対談したときに聞いたのですが、原口さんも父が亡くなる一週間ぐらい前に、父が大きな問題を追っていると知り、「石井さんひとりでは危ないから、それを僕にすこしでも言っておいてください」と言っていたのに、父はなにも言わなかったとおっしゃっていました。その時期は、父がハワイ大学で講演する予定がなぜかキャンセルされたり、英語版の本をアメリカで出す予定も潰れたり、なにかいろいろおかしなことは起きていたわけです。

泉　事件の直前に。

石井　はい。

容疑者に会いに拘置所へ

泉　事件当日は、二〇〇二年一〇月二五日でしたよね。

石井　はい。

泉　どういう状況だったんですか？

石井　父が亡くなる前、私は民間会社に勤めていました。私がずっと秘書で父のそばにいたら、ささいなことにも気づけたかもしれないですけど……。

当時私は、毎朝八時頃に電車で通勤していました。でも事件当日に限って、その日は以前から考えていた短期留学の説明会に行くために会社を休み、車で出かけていたのです。

当時の我が家の駐車場は、車を二台駐《と》めると、人がひとりしか通れませんでした。そこに毎朝、車は二台駐まっていました。そして事件の日の朝も、いつもどおり私が電車で会社に行っていれば……事件の記録を見ると非常に面白いのです。面白いって言ったらおかしいですね。

おかしいのですが、出頭した伊藤受刑者と衆議院の運転手の証言が、みんな合わせてあるんです。

どういうことかというと、「私の車が通常駐められている位置の奥で犯人が馬乗りになり、父は倒れて死んでいた」という話になっていました。ですが実際は、私は事件の一五分前にイレギュラーに車で出かけているんです。そして父は、犯人の供述および運転手の証言とは違う場所である私の車があった空きスペースで犯人と揉み合いの末、倒れて亡くなっています。

母は家の窓から犯行の様子を目撃していて、犯人が立ち去った後に父のもとに駆けつけています。母の証言は現場検証の写真のとおりで、伊藤受刑者らの証言は明らかに違う場所に、しかも九〇度違う角度で、父は倒れていたという証言だったのです。

ですから私は警察の人に聞きました。「死んだ人が、九〇度反対向きになることってあるんですか？　死んでから動くんですか？」と。もうなにも信用できないと思いました。そこは誰も疑問にしない。全部が信用できない。

伊藤は翌朝出頭するのですが、事件発生当日の夕方にはすでに、国会で伊藤の名前がもう出回っていました。

泉　じゃあその時点で、伊藤がやったことを国会関係者で知っている人がいたわけですか？

石井　はい、知られていました。犯人は逃走中なのに警察犬も追跡していないし、容疑者の指紋は凶器から出てこない、容疑者の衣類は返り血を浴びているはずなのに、見つからないまま。結局最後まで、いわゆる「秘密の暴露」と言われるものも出てきませんでした。

泉　カバンの中から持ち去られたものも出ていないし。

石井　はい、国会に持っていく予定だった資料も出ていない。いつも持ち歩いていた手帳も消えている。

泉　犯人は、カバンを持っている石井さんの指を切って、カバンを開けて中身を持ち去っているわけでしょう。それにもかかわらず、その後ほとんど捜査されていないですね。

石井　はい。紀藤弁護士が言うには、検察は、犯行の動機などの細かいことは問題にしていないと。とにかく「犯人が罪を認めたか認めていないか、有罪にできるかできないか、検察にとっての焦点はそこだけです」という話をされていました。当時は、犯罪被害者遺族は意見陳述しかできなかったので、悔しかったですよね。事件に関する疑問はたくさんあったので、聞きたかったのですが。そこのところはあまり突き詰めると怖いので、ここで言っていいかどうかわからないですけど。

泉　事件の後の警察の捜査とか、検察の取り調べもそうだけど、犯行の動機とされたのは「個人的なお金の恨み」でしたよね。裁判も「動機の解明は困難」のままで無期懲役が確定して。すべてが終わった後で、テレビのドキュメンタリー番組や、テレビ朝日の番組で当の伊藤が、「実は人に頼まれてやった」と言っていたけど。

石井　私、拘置所に会いに行ったんですよ。

泉　伊藤に？

石井　はい。勾留の最後の日に行きました。その一日前に叔母が行って、私も本当に行くのがきつかったんですけど、「これをいま、私が乗り越えないと、今世の乗り越えるべき課題を来世に持ち越すのではないか」ぐらいの気持ちで、勇気を振り絞って会いに行ったんです。いろんな理由があるんですけど、私は彼が本当の実行犯だと思っていなかったので。

それで面会に行ったら、もう深々とお辞儀をされて、「本当に亡くしてはならない方を亡くしました」みたいな感じで謝るわけです。「日本にとって必要な方でした」みたいなことを言うわけです。

だから、本当に動機が「個人的なお金の恨み」なら……。事件の二、三日前に彼は議員会館に来ていました。入館手続きは当日はうちの事務所で行なっていなかったので、どこか別の議員の事務所に行って、そこで指を切って、アポなしでうちの事務所に突然来ているんです。そして事務所の女の子に、絆創膏《ばんそうこう》を貼ってもらっているんです。彼がどんな理由で指を切ったかは知りません。ですが普通、殺すほど憎んでいる人の事務所に来て、傷口に絆創膏を貼ってもらいますか？　二日後に殺そうとしている人に助けてもらいに来ますか？

石井ターニャが立候補するんじゃないか？

泉　事件の後、紀藤弁護士が、真相究明のホームページを立ち上げました。情報提供を呼びかけて、いろんな情報は寄せられたけれど、真相には届かず、今に至るという感じですね。

石井　紀藤先生には本当に感謝していますが、とくに有力な情報はありませんでした。推測的なものは、たくさん寄せられましたけど。「会わないと話せません」とか、そういった申し出はすべてお断りしていました。相手がどういう方かわからないので。ですから、これといった具体的な情報はなかったと思います。

泉　やはり、そうなんですね。

石井　父亡き後に議員会館の事務所は閉めていましたが、老齢のスタッフの方が留守番をしていたら突然スーツ姿の人たちが五人くらい入ってきて、いろいろ持っていかれたという話もありました。

泉　現在も段ボール六三個分の資料があるけれど、本当に重要なものは、カバンの中のものだけだったか、他の場所にもあったとしても、それも誰かに先に持っていかれたか。すると、事件の後も、おかしな出来事はいろいろあったんですね。

石井　ありましたね。

泉　以前にトークライブでもおうかがいしたけど、石井さんが亡くなった後の選挙で、ターニャさんに立候補の話があったじゃないですか。

石井　はい。

泉　当時、まわりの人たちが「ターニャが立候補するんじゃないか」という話をしていたけれど、でも結局出馬を躊躇したのは、複雑な思いもあったし、怖さもあったのですか？

石井　はい。早い段階では、出ようという気持ちはあったんですけど……。

泉　最初は出る気でしたよね。

石井　まあそうですね。ただ、身近なところに敵はいるもので、みなさん利害関係がありまして。党内にも、なんとしても私を出さないという方々もいて、その圧力はすごかったですね。今は亡き羽田《はた》雄一郎さんなど一部の方は、出馬を勧めてくださいましたが、そうこうしているうちに、民主党から父の選挙区で、小宮山洋子さんが出るという話になった。

泉　あのときはそうでしたね。元アナウンサーの小宮山さん。

石井　それを受けて、私はまわりから「無所属で出ろ」と言われて、いろいろ悩んだのですが、父を陥れた利害関係者については薄々わかっていたし、まわりが誰ひとり信用できない状況で立候補するのは、私にとって、あまりリアルじゃなかったんですよね。

それこそ父の秘書も、あるいは区議、都議も、誰も信用できなかった。また私は先述のように、当時は民間会社に勤めていたので、政界の状況もつかめなかった。そんな中で父の事務所に行くと、支援者の方が「あの人、絶対おかしいよ」とか、みなさん、私にいろいろな情報を教えてくれるのです。だから、政治関係者は誰も信用できませんでした。

たとえば小渕《おぶち》優子さんのように、まわりが全部お膳立てしているような状況とは真逆で。「ターニャはいま出ないと、政治センスがないよ」と母は言っていましたが、私は「まわりの全員が敵かもしれない」と思っていました。

泉　お母さんは、ターニャさんの立候補に、賛成していたのですか？

石井　母は政治には深く関わっていなくて、事務所の人間関係もわからなかったので、感覚的に言っていただけだと思います。

泉　ターニャさんは秘書で、政治に近いところにいたから、周囲の期待はありましたよね。

「亡き父の遺志を継いで」という。

石井　はい、周囲の期待も感じていました。ですが、その裏で、事件に関わっている人たちの話も聞いていたので、やはり人が信用できなくなっていました。裏社会に近い、ある政治関係者が、私のことを潰すと言っていたとか。みなさん親切に教えてくれるので……。

泉　しばらくの間は出る気持ちがあったけれど、途中で消えたと？

石井　相当悩みました。父がなにを望んでいるのか、天は私になにを教えてくれているのか。ちょうど、父が亡くなった後の年始に放送されたテレビドラマが忠臣蔵だったんです。大石内蔵助《くらのすけ》の姿を見て、すごく考えさせられました。

その後、参院選出馬の話やいろいろありましたが、その時も、話をすすめてくる政治関係者を全く信用できず、誰が何のために動いているのか観察しました。案の定、ということで色々わかったのですが、その後、自分はどこに向かって生きていくのか、自分自身に問うために、ひとりで巡礼の旅にピレネー山脈を登りに行ったこともありました。

支援者の方々も、父亡きあと心に穴があいて、ショックを受けていました。右か左か、自民党か民主党かということに関係なく父を応援してくださる方々がいましたので、父亡き後にその方々と接していくうちに、初めてその方々のむこうに父の姿を見て、父はきっとこの方々の顔を思い浮かべて頑張っていたんだと気づかされました。
そして信用できなかった人たちについても、いろいろなことがわかり、頭の整理もついてきました。そのうち、仇《かたき》を取ることよりも、自分がどう生きるかが大切と思うようになりました。誰しも自らが選択した行動がその人の「生き方」となる。その生を終える時に自分自身が「生き方」を評価し天はそれを見ているのだと思うようになったのです。ですから、私が他人を裁くのではない、と。そして、自分に今、なにができるのか、と再び問う日々でした。

泉　石井さんは、右や左ではなく、もっと広く、義憤とか正義感でファンが多かったから、政党を超えた人間関係がありましたね。「不正を許さず、弱者にやさしい」というスタンスが、生きざまとしてあったから、亡くなったときも、みんなショックを受けていました。「あんなに正義感の強い方が、こんな目に遭うなんて」と。

石井　地元の世田谷でも、「自分は自民党員だけど、石井さんだけは特別」という方々が多くいました。ある自民党議員の秘書が地元に来たときも、地元有権者の方が「自分は国政は石井さんを応援しているから」と言うと、「石井さんじゃしょうがないね」と返されていた。ですから、私も出馬を考えるにあたっては、そういう幅広い支援者の顔も心をよぎり、ずいぶん悩みました。

また、そういうときに限って、ちょうど乗り合わせたタクシーの運転手さんとかも、「助けてくださいよ、今の世の中ひど過ぎるじゃないですか」などと訴えてくるから、私も「なぜこういう出来事を、自分は体験させられているのだろう？」と考えました。

事件の後はなにかのスイッチが切れていたのか、まるで能の「離見の見」で舞台上の自分たちを客観的に見ているような不思議な感覚で生きていたのですが、そのときも「これはすべて意味のあることだから、見させられているのだ」と思っていました。だからこそ、きっと乗り越えられたのだと思います。

「父と同じ仕事は、自分にはできない」という気持ちも、正直ありました。父と自分では生き方も違うし、興味のあるものも違う。私は環境問題に関心があったので、父の後を継ぐといっても、「その期待を自分が背負えるか？」とか、「結果が出せるか？」という不安も、本音としてはありました。

まわりの人からは、「あなたはあなたらしくやって、議員になってから勉強したっていいじゃない」とも言われたんですけど、私は父の顔に泥を塗りたくありませんでした。また、伏魔殿といわれるあの世界に入り込んで、飛んで火に入る夏の虫のごとく、虫けらのような自分が大きな相手とひとりで戦うのかという疑問に自問自答し、もしかしたら自分自身は戦う以外の解決方法を見出すことを今世のテーマとしているような気がしてなりませんでした。魂を売ることもできないと。

泉　石井紘基さんはいろいろな方面から狙われて、ネタを探された割には、あまり不祥事が出ませんでしたね。相当漁《あさ》られたと思いますけど。

石井　だから、殺されたかもしれないです。

「爆弾資料」はなんだったのか？

泉　事件からずいぶん月日がたって二〇二二年、鳩山由紀夫さんと一緒に、石井さんのお墓参りに行かせていただきました。鳩山さんは「石井さんに申し訳ない」とおっしゃっていました。事件当時、石井さんの所属していた民主党でも、もうすこし真剣に真相を究明していれば、なにかが見えたかもしれません。私から見ると「調べてるふり」だけだった気がします。

石井　私もそう思います。事件の後、民主党が一回だけパフォーマンスの記者会見をやって、一回だけ会議が設けられましたが、そこに私は呼んでもらえませんでした。紀藤先生が出席して、先生から私が聞いたのは、「今日話したことは、石井さんの資料を保管する『本棚を買いましょう』、それだけでした」と……。

その後、菅直人さんが民主党の代表になりました。私の友人の議員は、菅さんに何度も「資料は？　真相究明はどうするんですか？」としつこく聞いたそうですが、菅さんは逃げ続けたそうです。なにか知っていたのではないですかね、菅さんは。

泉　その話は私も聞いたことがあります。理由はよくわからないですけどね。

石井　これは先述の千駄ヶ谷の、父が逃げこんだ事務所の方から聞いた話ですが、事件当日、父はある有名な代議士になにか重要な書類を持っていく予定で、そこにその方も父に呼ばれたら来る予定で、千駄ヶ谷の事務所で電話がかかってくるのを待っていたそうです。

ただ、うちの事務所のスケジュール用紙には、その予定は入っていなかったのです。たぶん、秘書に言っていないスケジュールだったと思うのですが、その人によると父からの連絡を待っている時、事務所のテレビで事件のニュースが流れたそうです。

その方は前述のことを何人もの民主党の議員に伝えたけれど、誰も取り合ってくれなかったと言っていました。何年か前に、その方はご病気で亡くなられたのですが。

他にも父の仲間だった議員には、「この人、なにか知っていたな」という方が何人かいるんです。ただ、国会Gメンのメンバーだった原口さんですら「資料は見せてもらえなかった」と言っているから、もし父が資料のコピーを取っていたとしても、それを持っていた人はそうそうかいないと思います。「身近なところから情報が洩《も》れたら危ない」と父は思っていたのでしょうか。

泉　でもなんだったんでしょうね、その持っていかれた資料は。

石井　千駄ヶ谷で父を待っていたその方は、金融のＲＣＣ（整理回収機構）の問題で……。

泉　あー、そっちの資料か。石井さんは、「国がひっくり返るぐらいの大きなこと」って言っていたわけだから、相当大きい話だったんでしょうね。なにか知ってはいけないことを知ってしまったのか……。でも石井さんは、資料のコピーを取って保管するタイプではなかったですよね。

石井　それに、議員会館にあった資料も、関係者に持っていかれた可能性もあります。

泉　可能性としてはありますね。推測だけど、犯人はカバンの資料を奪って逃げて。でも今に至るまで、状況はクリアーになっていないのだから、真相はわからないですね。

石井　事件の首謀者と噂《うわさ》される、すでに亡くなられた議員も、うちの事務所のスタッフが通してしまい、事件直後に父の議員室で資料を見ていたことがありました。「資料のコピーがないか？」と、もしかしたら探されていた可能性もあります。

泉　そうかもしれない。そういうことは、あり得ますね。

石井　それまでの国会での追及や本の出版も含めて、父はもともと邪魔に思われていたかもしれません。先述の、アメリカで出版予定だった本には、追加部分があったらしいです。特別会計関連の。それも余計なことだったのかもしれません。

語り草になった「魂の質問」

泉　石井さんが亡くなられた翌年の「石井紘基を偲《しの》ぶ会」で、私は友人代表にさせていただきました。ご指名をいただいて。

石井　そうでしたね。当時の出席者の中には、事件に関与していたと噂されていた政治利害関係者もいたので、泉先生も、あまり父のことを言うと狙われるから、「こんなに石井紘基を熱く語って大丈夫かな？」と思っていました。

泉　私がびっくりしたのは、もっと事件の真相究明とか、石井さんの亡き遺志を継ぐ人がいるかと思ったら、意外とみんな冷ややかな状況でした。私としては、それこそ義憤といいますか、「正義感に燃えた方が亡くなっているのに！　近くにいた人間が引き継がなければいけないのに！」と思ったことはよく覚えています。

あのときは紀藤弁護士と私のふたりで、紀藤さんは事件の真相究明を訴えて、私は石井さんのやりかけた「弱者救済」を引き継がないといけないと思っていました。ですから私は、地下鉄・松本サリン事件の被害者救済を踏まえた、「犯罪被害者等基本法」作成の、野党の責任者になっていくわけです。だけど他の出席者たちは、思いのほか、冷ややかな感じでした。「泉君、あんまり無理しないほうがいいよ」と言われました。

石井　そうでしたね。話が前後しますが、泉先生が国会に行かれて、私の秘書仲間も当時同期で代議士となり国会に入ったのですが、彼らから聞いていたのは、泉先生の国会質問がもうすごかったと。「あれは魂の叫びだ！」って語り草になっていたんですよ。

その後、彼らは泉先生と一緒に法案を作っていくわけですが、「泉さんは、国会で誰よりも多く法案を作っている」といつも言っていました。法案は、ベテラン議員の名前を載せて提出しなければならないけれど、実際は全部、泉先生が作っていると聞いていた。だから本当に泉先生のご活躍には、父の遺志と運命的な流れを感じていました。

事件の後、家族としてはショックのあまり、私は一部の記憶が思い出せなくなっていたんです。石井紘基の「父親像」が思い出せなかった。だから、事件後のテレビのインタビューで、自分がすらすらしゃべっているのを後から見ると、自分でも「不自然だな」って感じるんです。

たまに私と同じように、ご家族を大変な思いで亡くされた方をテレビで見ると、「ああ、この方は、あのときの私と一緒かもしれないな」と思うときがあるのですが、事件後のテレビ番組で話していた私は、「石井紘基の秘書だった自分」の記憶しか出てこなかったんです。だから、すらすらとしゃべることができていた。

事件の後は、どこか頭のスイッチが切れていたような感覚で、映画を見ているようでした。事件の背景に関わるようなことを偶然見せられたり、聞かされたり……。その場面を、私は不思議な感覚で俯瞰《ふかん》して見ているような。でもそんな白昼夢のような日々の中、泉先生が国会に入っていかれたときは、私も熱いものを感じました。

泉　あの国会質問をしたときの自分は、やっぱり石井さんが入っていましたよね。私は『つながればパワー』という本で石井さんと出会って、選挙応援させていただいて、当選させることはできなかったけれど、選挙の後に「だまされたと思って弁護士になりなさい」と言われて。

いみじくも石井さんが言っていたのは、「泉君、君はいずれ政治家になるけども、二〇代、三〇代で立候補してはいけない。若くして政治家になっても、きちんと正しい政治をしている人はほとんどいない。だから君は急がずに弁護士をやりなさい。君はきっと四〇になったら政治家になるから」。偶然だろうけど、自分が四〇歳で国会議員になったとき、「えっ、あのとき石井さんが言っていた四〇だ!?」と思って。

石井　ほんとですよね。

泉　石井さんの予言がぴたりと当たってびっくりしましたよ。石井さんも四〇を過ぎてから立候補しているから、「君も四〇ぐらいまでは下積みの経験をして、人のために尽くしなさい、弁護士として働きなさい」と。私はもともと明石の市長になりたかったから、国会議員になることが目標ではなかったけれど、その後、石井さんが亡くなられて、その翌年に民主党からお声がけいただいて、衆議院議員になりました。

自分としては、石井さん亡き後、石井さんのやりかけた仕事をやろうと思い、「犯罪被害者等基本法」もそうですが、弱者救済の気持ちで頑張ろうと思っていました。だから国会質問も、石井さんのまねではないけれども、自分も国会議員の本分としての議員立法を作ったり、質問の準備も、夜遅く日付が変わるまで、議員会館の事務所でやりました。「石井さんも、こんな気持ちだったんだろうな」と思いながら。

ですから今ターニャさんが言われた、最初の国会質問も気持ちが入っていたと思うし、偲ぶ会での挨拶も熱く語ったと思いますね。

石井　私も父が亡くなった直後に選挙の応援演説にたくさん呼ばれたのですが、不思議と自分の中になにかが入ってきて。それまでは人前でマイクを持っても、アドリブではしゃべれなかったのに、もうガンガン、アドリブで演説していたんですよ。父の死のショックは大きくて、スイッチは切れていましたが、「なにか来てるな、降りてきてるな」みたいな感じもあったんです。

今はもっと大きな流れを感じています。今年（二〇二四年）、地方自治法が改正になったというショックはありますが、常時は地方も中央と同等な力を持てるので、最近では「地方こそ大事だ」と思うようになっていました。そこに泉さんの、明石市長としてのご活躍がありました。実は父も、「最後は地方の首長をやりたい」というようなことを言っていたんです。だから今、目には見えない不思議な力を感じています。

この前、たまたま名前を見ていて思ったのですが、父が「石の井戸を掘って、紘《ひろ》く基礎を作る人」ならば、泉さんは、そこから湧き出る「泉」となって知恵や言葉を人々に注いでいる。その成果として「房」や「穂」を実らせてくださる方なのかもしれませんね。

遺された資料の電子化プロジェクト

石井　これはひとつ、当時の党の対応へのご批判が多い中、鳩山由紀夫先生の名誉のために申し上げておきたいのですが、二〇一四年に鳩山先生のお声がけで、元民主党の尾《お》立《だち》源幸《もとゆき》先生のお力添えをいただき、父の遺した膨大な資料のスキャンを始めました。四万枚ぐらい読みこみをしました。ただ、あまりに量が多かったことと、先生のスタッフの方も選挙などで忙しくなってしまい、しばらく中断していました。

そして二〇二二年に、旧民主党側から突然、「石井先生の資料が段ボールで六〇箱あるので、引き取ってもらえませんか」との申し出があったのです。「父の資料の六三箱はうちにありますけど、もう六〇箱あるんですか？」と見にいくと、それは国会Gメンの資料でした。ですから、その資料を引き取ったときに鳩山先生がツイッター（現・X）で、「彼が残した資料60箱を手に入れた」と書かれて、一万件ぐらいの反応がありました。

泉　あの段ボールは国会Gメンの資料だったんですね。

石井　そうなんです。それで鳩山先生にご支援をいただきながら目録を作って、それが終わった後に開催した「石井紘基没後20年を偲ぶ会」で、今度は私がもともと持っていた六三箱の資料を電子化するプロジェクトになりました。

泉　あの会は没後二〇年ということで、二〇二二年一〇月二五日でしたね。

石井　今、鳩山先生からご支援をいただいて、立憲民主党の川内博史《かわうちひろし》先生も調査に参加していただきました。その後われわれは二〇二四年二月末まで電子化の最後の読みこみをしていたところです。五万枚位になりました。

泉　その六〇箱の資料は、全部スキャンして保管するんですね。

石井　最初に尾立先生のスタッフの方とスキャンしていた四万枚が、コンピューターが古くなり過ぎて、ファイルが壊れて開けなくなっていました。それを特殊な、科捜研のような技術を持つ会社を見つけて、全部リカバリーできましたので、残りの資料を新たにデータ化しました。

父の遺した膨大な資料は倉庫保管をしてまいりましたが、私ひとりが家族として持ち続けるにはあまりに大事なものですし、父は国民の税金で仕事をしてきているので、国民のみなさまの財産でもあります。捨ててしまうのは一瞬ですが、当時の父が役所に要求して収集した資料というのは、今ではもういわゆる「海苔弁《のりべん》」のような形でしか出てこない資料かもしれないし、読んでいてもなかなか面白いのです。

一昨年（二〇二二年）、統一教会問題について、ある新聞社の方と一緒に資料を探していたときに、「面白い、他の資料も読んでみたい」というお声もいただきました。

安冨歩先生も、父の研究には、誰もそれまで疑わなかった「日本のシステムそのものが間違っている」という問題提起を最初にしたという意義があり、二〇年前の政治形態ではあるのですが、父の資料は取っておくべきだとおっしゃっていました。

以前は父の資料を国立国会図書館に寄贈することも考えていました。ですが、その場合、実際に資料が所蔵されることになる、衆議院に属する国会図書館の政治史料課（憲政資料室）に行ってみると、薄暗い部屋に数列の棚が並んでいて歴代首相などの遺品や資料、ポスターなどが政治グループ別に棚の上に山積みにされ、スタッフも足りない状況でした。それに、そこは安全かもしれないけれど、一般の方はなかなか入れないシステムなんですよね。最終的には、保管していただくのはよいことだと思いますが、まずはバックアップをとって、目録を作りながら石井紘基の勉強会をやっていけばいいのではと、安富先生はおっしゃってくださいました。

「日本の本当の予算はいくらですか？」

泉　石井さんは「官僚政治」というキーワードを早い段階から用いて、自分が留学していたソ連が官僚国家だったように、日本だって全然違う国のようでいながら、実際は官僚が支配している国であると見抜いていた。特殊法人や特別会計というブラックボックスが大きくて、そのブラックボックスの中をはっきり見た人がいない。それを、石井さんがこじ開けようとしていたのかなと思っていますけどね。

石井　日本はやはり行政が縦割り過ぎて、父が生前調査をしていたころ、なかなか横とのつながりを見つけていくのが難しかったようです。小さなとっかかりをもとに資料を引き出していき一つひとつ枝葉をつなげていくという、気の遠くなるような作業をしていくうちに全体像が見えてきたようです。父は、いつも表や図を作るときに、紙を切り貼りしながら作っていました。

泉　すこし話は変わるけれど、政治とカネは今の問題ですね。政党交付金で政党は、三一五億円ももらいながら、そのお金が消えている。いったんお金が出てしまったら、なにに使ってもわからない。

　同じように、特殊法人の問題も、税金が一般の予算から特別会計に流れてしまった後、そこからまた民間に流れてしまっているから、それ以上追うことができない。

石井　そうなんですよね。

泉　政党交付金がその後なにに使われているかわからないのと同じように、「国民の税金そのものが、どこにどう使われているのか」をすべてを把握している人がいるのだろうか。石井さんは、まさにそこを解明しようとしていました。

石井　父が私に語っていたのですが、国会で宮澤喜一さんと麻生太郎さんに、「日本の予算はいくらですか？」と質問したんですよね。役人も、父にでたらめは通用しないことはわかっていたから、宮澤さんはペーパーどおりに「一度調べてお答えします」と答えた。国会の場で、日本の予算もわからない財務大臣から、「調べてお答えします」という発言を引き出せたことに、父は「よし！」と手応えを感じていました。

泉　実際わからないでしょうね、日本の「本当の予算」がどのくらいの金額なのか。特別会計の名目でどこに消えたかわからないのに、日本はずっと「お金がないから国民負担」と言っているわけでしょう。国民負担だ、増税だとずっと言っているけど、本当に足りないかどうかの検証をしてないですよね。だから、石井さんは「国民会計検査院を作ろう」と呼びかけて、市民の動きを作ろうとしていた。

石井　父が私に言っていたのは、「議員が自分の給料を削ることはなかなかできないだろう」と。だから、「行政監察院」というものを作って、その代わり、たとえば事務所費用は、やはり東京選挙区だと高いわけですよ。うちの事務所の場合も、最初手伝ってくれた方に任せたら、都心部ということもありますが、家賃がとても高いところとの契約になってしまいました。人に任せてしまった部分もありますが、しかし政治家の事務所だとなかなか貸してくれないという事情もあるんです。不動産関係というのは政治とも結びつきがありますし、大家さんも支持政党があったりして。地方に行くと、より難しいかもしれません。

いずれにしても、ガイドラインを作った上で、たとえば事務所費用の地域による格差にしても、必要なものは監査で認める。「これは家賃で、この金額ならいいでしょう」と、必要なものには経費を出す。使途不明金とか、自由に使っていい文通費（文書通信交通滞在費）みたいなものではなくて、民間と同じで、「経費精算」という形で会計士などがチェックをする。そのような行政監察院を作ればいいのではないかと、父は言っていました。

泉　石井さんは「税金を大事にする」ことに関しては、ものすごくシビアな方でしたね。「国民が額に汗して働いているお金を、ムダ遣いしてはならない」と。本当に義憤というか、税金のムダ遣いは許さない人でした。それを国会質問で本気でやっていた、唯一の議員だったのではないかな。

多くの国会議員は、族議員で、それこそ裏金をもらったり、バックマージンをもらったりして、利権に走り、選挙対策に奔走しているのに。石井さんは、それとは正反対に「国民の税金を大事に使え」と。だから今になっても、ファンが多いんでしょうけどね。

石井　それゆえに、大きな利権からしたらうとましいでしょうし、身近にいる議員でも、利権につながっている方は、父を邪魔に思うことはあったと思います。

ただ父は、役人に対してはこんこんと諭すようなところがありました。理をもって説得していくうちに、改心してくれることを期待していたのでしょうか。「税金を大切にするのは、国のためでもあり、この仕事は君たちのためでもあるんだ」と熱く語っていました。

石井紘基の「問い」はまさに〝今〟を撃つ

泉　今日お話をうかがってきて、今のターニャさんの立場としては、ひとつは、石井さんの資料をスキャンして、亡き父のやってきたことをしっかり歴史に残すと。他にはどういう思いがありますか？

石井　父が亡くなるすこし前に会話した際、私は『日本が自滅する日』のことを「すばらしい本を書くことができたね。お父さんの仕事の集大成だね」と素直に言うことができたんです。人生で初ぐらいに、父を褒めました。それまでは褒めたり、感謝の言葉を言うような機会があまりありませんでした。まさか急にこの世を去るとは思っていませんでしたので、事件の朝は、別れの言葉を言えなかったから、あのとき本を褒めることができたのが、せめてもの救いなんです。

あの本の執筆中だったと思いますが、私は父に「批判だけではなく、日本をどういうふうに変えるのかを書いたら？」みたいなことも言いました。そのせいか、著書の最後に「構造改革のための二五のプログラム」が書いてありました。

私はその時父に、「これからはもっと若い人を育てて。追及はもういいよ」なんて言っていました。もしかしたら本能的に、身の安全を案じていたのかもしれません。

父には欠点もたくさんありましたし、神様みたいな人では全然なかった。でも、なんだかユーモアのあるキャラクターでした。私も二九歳まで、父と家で動物のモノマネをして、笑ったりしていました。私は、ヤギの鳴き声とヒツジの鳴き声の違いや、鳩の歩き方とニワトリの歩き方の違いなどを披露し、父は、ゴリラのまねをしてくれました。六〇歳で。

私も私ですが、つきあってくれる父も父で、やっぱり親子かなと。仕事の場面とは全然違う、お茶目というか、オトボケなキャラが、私にとっては、父の好きな部分でした。


たまに、どなたかが私を誰かに紹介するときに、「こちらの女性は、あの、お父さんを殺された人、お父さんは民主党の議員だった人」というふうに紹介してくれる方がいます。時には、ご丁寧に包丁を前に突き刺すジェスチャーとともに。そのように紹介されると、紹介された側の人も、気まずくなります。きっと、有名だから思い出すと思って言うのかもしれませんが、よく考えてみても、不幸な経験をされた方を紹介するときに「親、兄弟を〇〇された人、子どもを○○された人」などと紹介するでしょうか。私とて、犯罪被害者。フラッシュバックもあり、やはり傷つきます。

私の父は、「殺された人」ではなく、「国のために、命を顧みず尽くして仕事をした人」と言いたいです。

私は、娘として、父の亡くなった不幸な一日を追いかけ続けるのではなく、父の「生きた時間」を後世に伝えていきたいと思っています。坂本龍馬、江田三郎さんを尊敬していた父にとって、きっとそれが願いであると思っています。

父がこの世を去ってから、父の夢を見ることがありましたが、いつも、父は実はまだ生きているという設定でした。そして父がまた仕事をしようとしているので私が、「パパ、みんなパパのこと死んだと思ってるから、急に国会に行ったらみんなびっくりするよ。選挙に出たりしたら、もっとびっくりするよ。もう戸籍もないし」というやり取りをしている夢です。安冨先生にその話をしたら、「そうだよ、石井紘基は死なない！」と言われました。

父の志を今後どうやって継いでいくか。父が最期にやろうとしていたことのひとつに、市民塾があります。

父の遺したものを、そういった形で後世に活かしていきたいと考えているときに、安冨歩先生が、「石井さんは、今いない人だからいい」と言うのです。今いる人は、言えないこともある、都合の悪いこともあるから、と。父はもう命がないから失うものはない。そして、勉強会に関しては、誰か偉い先生がいると、みんなその人の話を聞くばかりで、全部自分で考えなくなる。だから「石井紘基の遺した資料を題材に、自分たちで考えるような、無名の勉強会をやったらどうか」と提案をされています。そこで質問があれば、安冨先生や、いろいろな先生方に答えていただいて。

父は、右も左も上も下も関係なく、幅広い層から認めていただいていたのではないかと思います。

ですから今の私は、そんな方々の「待ち合わせ場所」のようになりたいと思っています。石井紘基の目印として、みなさんが集まる中で、なにかが生まれていけばいいなと思います。そういう形で、みなさんのお役に立ちたいです。

先ほど市民塾と申しましたが、父がやろうとしていたことのひとつに、「維新塾」（旧名・太子堂塾）という政治塾があって、今日そのチラシを持ってきたんですけど……。

泉　「維新塾第一回。平成十四年十一月七日。第一回講義『日本経済の行方』、講師・石井紘基」……ということは亡くなられた翌月、すでに開催する予定だったんですね。一〇月二五日に亡くなられて、一一月七日が第一回の予定。

石井　そうなんです。一一月六日が父の誕生日で。……話がちょっとそれますが、誕生日と言えば、父の名前の由来について、つい最近わかったことがありました。祖父は学者で、いつも達筆な字で私に諺《ことわざ》や教訓などを書いた葉書を送ってくれる人でした。ですから、祖父らしいなと思うのですが。生前の父からは聞いたことがなかったので、父本人が認識していたかどうかすらわかりません。

父が生まれたのは昭和一五年。皇紀二千六百年という年でした。紀元二千六百年奉祝事業として「八紘之基柱《あめつちのもとはしら》」（現在の名称は、「平和の塔」）が、延べ六万人の労働により宮崎県に建立されました。父が産声を上げて間もなくの、一一月二五日に竣工式《しゅんこうしき》が行なわれたそうです。一〇銭紙幣のデザインにも採用されました。しかし昭和二一年、GHQの命により、「八紘一宇《はっこういちう》」の碑文と武人の象徴であった荒御魂《あらみたま》像が撤去され、のちに復元されたそうです。皇紀《こうき》の読みと、この塔に書かれている八紘之基柱という碑文の文字から、父の名が生まれたということに初めて気づいたというわけです。祖父は、一人目の子どもであった父に、どんな想《おも》いを込めていたのかなと思います。

話を元に戻しまして、二〇〇二年、父が迎えられなかった六二回目の誕生日の翌日にあたる一一月七日に出版記念会を開催しようとしていました。そこで市民のための「維新塾」も発足する予定だったのです。もともと押さえてあったホテルのパーティー会場が、奇《く》しくもお別れ会の会場になってしまいました。

泉　私は恩師の石井さんの後を追う形で国会議員もさせていただき、今も、明石市長を終えた後、国や政治のさまざまな問題を発信しています。その中にはもちろん石井さんが命を賭けた問いもある。それは古びるどころか早過ぎたぐらいで、問いかけるべきは、まさに今なんですね。

石井　ありがとうございます。最後にもうひとつだけ、世田谷の地元の方々についてお話ししておきたいことがあります。

父は、議員会館にも夜遅くまでいましたが、同時に地元の方々とも夜遅くまで一緒にいました。父が自らお宅などにお邪魔して、元気をいただいていました。その方々は、表立ってお名前の出る機会があまり無いかもしれませんが、実は父を支えてくれた立役者の方々です。ある時は、一緒に笑って、ある時は助けて助けられて、本当に議員人生の後半からは益々素晴らしい方々に出逢えて父は幸せでした。かえって、いつも話に花が咲き長居してご迷惑をおかけしていなかったかと思うほど、父が最も大切にし大好きだった方々でした。

家族の支えをよく取り沙汰されますが、私は、何より、父の愛した地元の方々の顔が、父の元気の源であったと真っ先に思い浮かびます。そして、父の学校の先輩でもあった後援会長には、家族ぐるみで付き合っていただき、父亡き後も自分のことのように考えていただきました。そして私自身、たくさんの方からの手紙やメッセージに励まされました。父亡き後に出逢った方々も含めて。父が遺してくれたものは、「人」でした。その方々にこの場を借りて深くお礼を申し上げたいと思います。

石井ターニャ（いしい・たーにゃ）
一九七二年、東京都生まれ。石井紘基氏の長女。幼少からNHK教育テレビにて「ロシア語講座」をはじめテレビ、舞台などで活動。大学在学中「ロシア語会話」にレギュラーアシスタントとして出演。大学卒業後には、国会議員である父親の秘書としても活動。通訳、撮影コーディネーター、ライター、テレビ番組アシスタント、情報番組のコメンテーターも務める。また、民間会社、衆議院議員の公設第一秘書などを経て、子育てを機に各地で農業や食に関する様々な活動にたずさわる。

第四章 〈紀藤正樹×泉房穂 対談〉

司法が抱える根深い問題

対談の二人目は紀藤正樹さん。市民派弁護士として、統一教会やオウム真理教のカルト被害者救済に尽力し、同じ問題意識を持っていた石井紘基とは同志であった。石井の死後は事件の真相究明に全力を挙げ、事件から二〇年以上たった現在もホームページでの情報提供を呼びかけている。私とは旧知の間柄で、政治に対しての関心も高い。事件捜査から見えてくる司法の問題点や、石井が追及していた官制経済の現状などについて語っていただいた。

普通の国会議員とは明らかに違っていた

泉　紀藤弁護士は石井さんの遺族代理人ですよね。石井さんがご存命のときは、オウム真理教や統一教会の被害者救済で同志として戦い、亡くなられた後はターニャさん、ナターシャさん

石井の業績を回想する泉と紀藤氏　撮影：内藤サトル

の力となって、事件の真相究明に尽力してこられました。

私は当時、弁護士で明石にいましたので、紀藤弁護士と石井さんと三人でお会いしたことはありません。ですので今日は、石井さんとの出会いとか、石井さんの国会議員としての仕事ぶり、あとはやはり事件のこと。紀藤弁護士はホームページを立ち上げ、真相究明プロジェクトも継続しておられますので、そのあたりをお話しいただければと思います。

紀藤　石井さんとの出会いは、一九九五年のオウム真理教事件のときで、石井さんから電話をもらって、「オウムの被害者の問題について救済の法律を作りたいので、ぜひ会いたい」という話になったのです。ふつう国会議員から電話が入ったら、こちらから先方にうかがうのが一般的だと思うのですが、私は当時、オウム真理教の被害者の救済に忙しかったので、「ちょっと忙しいので事務所でもよろしいですか？」とおそるおそる答えたら、「行きます」って言われたんですよね。石井さんは普通の国会議員とは全然違うタイプで、腰が軽いというか、「現場に自分で駆けつけて話を聞くタイプなのだな」と最初の段階で思いました。非常に市民的な方という印象です。

それで私の事務所に来られて、オウム真理教の被害者の話を聞かれて、私は「被害者がオウムに事実上、損害賠償請求もできない。裁判の傍聴も非常に厳しい」という状況をお話ししました。当時から「犯罪被害者給付金の金額が低い」ことが問題になっていましたが、最高でも一〇〇〇万円ぐらいの給付額だった法律を改正して、一五〇〇万円ぐらいまでに引き上げる努力であるとか、犯罪被害者の基本法を作る努力であるとか、石井さんはその後、そういった取り組みを熱心にされたのです。

石井さんが普通の国会議員とは明らかに違っていたのが、先ほども言ったように「現場に足を運ぶ」ということ。それから「情報を整理して、事実を精緻に並べて、そして党派を超えて説得力を持つ結論に変える」ということ。しかも国会議員としてよく働く人だったんですよね。

泉　ずっと遅くまで働いていました、議員会館で。

紀藤　そうです。私は自分の事務所が、議員会館に近いということもあって、時々前を車で通ることもあるし、歩いて帰ることもあるんですけど、夜の七時半ぐらいを過ぎたら、ほとんどの窓の電気が消えているんですよね。それで当時は、石井紘基さんの部屋だけが電気がついていて、「夜遅くまで働く人だな」と。電話をしてもいつでも通じるし、普通の国会議員とは違う、すごい人だと思ったのです。

その後、選挙があったときに、石井紘基さんから「働き過ぎかなぁ?」と言われて。ぎりぎりで当選したんですよ。それで石井さんが、「これまで自分は議員会館で働き過ぎた。もうちょっと選挙区のことも考えないといけないのかな?」と。普通の政治家であれば、夜は選挙区の対策をして、いろんな人と会って、飲み会に参加するというのが一般的かもしれないけれども、石井さんはそういうことにはあまり頓着しなかった。

とにかく「国家・国民のためになにがよいことなのか?」ということをつねに考えて、非常に努力されていたのが如実に見えたんですよね。あのころ、議員会館はまだ建て替える前でしたね。

泉　当時の議員会館は、冷房も暖房も八時になったら消えるんですよ。だから、石井さんは、夏は扇風機、冬はストーブを持ちこんでいて。他に誰も働いてないですからね。ほとんど石井さんしか働いていませんでした。

紀藤　そういうこともありましたね。政治家って、現場を知らないというか、勉強をしている人が本当に少ないんですよ。でも石井さんは、日頃から熱心に調査、研究されているのがよくわかる仕事ぶりだったので、政治家としても尊敬申し上げていた人なんです。

だから、その彼が二〇〇二年に殺害されて、彼がその制定に尽力した「犯罪被害者等の権利利益の保護を図るための刑事手続に付随する措置に関する法律」によって、裁判傍聴もできるようになって、それで私も傍聴して。彼が作った法律によって、彼の遺族支援をしているというこ自体が、とてもつらいことでした。彼の事件のすべての刑事公判を傍聴していたんですけど、いま話すだけでもちょっと思い出すので……非常につらいというか。

石井さんが今の政治情勢を見たら、本当に歯がゆい思いをされるんだろうなと思います。すべてわかるようなタイプの人でしたからね。

今も寄せられる事件の情報

泉　石井さんは、犯罪被害者支援と不正追及を両方やっていらして、正義感の塊でしたから。だから、二〇〇二年一〇月二五日に亡くなった後、私はその翌年に、石井さんの後を継ぐ形で立候補させていただいて、今お話しいただいた犯罪被害者支援にしても、石井さんのやりかけの部分もあったので、当時民主党の中で引き継ぎさせていただいた経緯があります。

私も夜遅くまで議員会館で、「ああ、石井さんもこうやって仕事していたんだろうなあ」と思いながら、議員立法の草案を作っていました。やはり石井さんの魂というか、本気でやるところは、大いに意識させてもらいましたね。

おうかがいしたいのは、事件当日、二〇〇二年の一〇月二五日ですけど、あのときはターニャさんから連絡があって行かれたんですか？

紀藤　最初に報道の一報があって、メディアの人からも「刺されたという報道がある」と何度も連絡があって、その後ターニャさんから電話をもらって、病院名を聞いたので駆けつけたという経過です。まだ手術室にいる段階でしたけど。……今も、思い出してしゃべるのがつらいんですよね。

泉　そのころ、ターニャさんも一番信頼なさっていたのは紀藤弁護士ですし、だから遺族代理人もなさっていたけれど、結局その後裁判になっても、真相はわからない終わり方をしました。

事件のすぐ後、紀藤弁護士がホームページを立ち上げられて、「真相究明プロジェクト」という形で、真相の解明に向けて今に至るわけですけど、石井さんの事件に関しては、裁判で言われたような「金銭トラブル」のわけがなくて。そのあたりはどう思われますか。二〇年以上たちましたけど。

紀藤　非常に謎が多い事件で、あれは金曜日の午前中だったと思うんです。犯人とされている伊藤白水は、石井さんを刺した後、逃亡しています。そして、警察が本格的に捜査を始めようとした土曜日に、自ら出頭して逮捕されるわけです。だから、「もし大々的に捜査をしていたら、もうすこし別の結果があったのではないか？」と思っているのですよ。

つまり、犯人が出頭したことで、警察の捜査がその後、急激に縮小したのです。まずひとつは、「犯人を捕まえる」ことが警視庁の使命で、犯人を捕まえたと。その後は犯人から状況を聞くだけの縮小的捜査になるのですが、もし伊藤があのまま逃亡し続けたら、おそらく周辺捜査も含めて大々的に警視庁が、事件の背景事情や、犯人の動機も含めて捜査をしたと思うのです。

だから「犯人がなぜ一日で出頭してきたのか？」というのが非常に不思議ですよね。もともと出頭するのであれば、逃亡する必要はないわけです。動機が一貫していない。

それからもうひとつは、彼はお金を盗んでいないんです。殺害の動機として伊藤は、「お金の無心を断られたから」と自白していますが、事件当日、石井さんの胸ポケットには現金が入っていました。それなのに伊藤は、お金に手をつけていません。

そして手帳が見つかっていないんですよね、いまだに。石井さんの議員手帳がいまだに見つからない。自宅にも、衣服の中にも、カバンの中にも、それから議員会館でも見つからないということなので、やはり手帳を盗まれたのではないかとしか思えないような状況にあります。「いまだに見つからない遺失物がある」というのが、非常に気になっているんですよね。極めて重要だと思われる国会議員手帳がないというところが、私はずっと引っかかっていて。伊藤は、果たして本当のことをしゃべっているのかなというふうに思うんです。

刑事公判でも彼は、自分がしたことの正当化をしただけであって、背景事情であるとか動機についての説明はほとんどしていません。不十分にしかしていないのです。

それでいくつかのメディアが、伊藤に直接アプローチするわけですけど、彼がメディアごとにしゃべる内容が違うものだから、いまだに事件の本質というか、真相が謎になっている。だからひとりの犯行とはとても思えないのです。

泉　紀藤弁護士は事件の直後に、「故・石井こうき事件の真相究明プロジェクト」というホームページを立ち上げられて、二〇年以上たちますけど、最初のころは一定の情報が寄せられたんですか？

紀藤　情報は寄せられましたけど、伊藤に近い人物からの情報提供はなかなかなくて。いまだに来ますよ。半年に一件ぐらいの情報は来ますけど、一般市民からの情報なので、裏づけが取れるような情報ではないということですよね。伊藤に近いところから来れば、当然直接調べていくわけですけど、そういう情報がなかなか見当たらない。

あとは石井紘基さんの残された遺品や所蔵物の中で、一〇〇パーセント確実な動機にあたるような証拠を発見できておらず、動機の解明は困難な状況です。それがこの事件を難しくしている原因だと思います。

泉　紀藤弁護士は、最近の裏金捜査でも発言なさってますけど、そもそも私も石井紘基さんの事件の後の捜査のあり方とか、検察の対応などを見ていて、かなりの不信感を持っているわけです。警察・検察の組織全体の構造というか、二〇年以上たっても、「石井さんが追及していた不正の正体がなんだったのか？」とか、「なぜ石井さんが殺されなければいけなかったのか？」という問いは、私の中に積み残されたままです。

裏金問題につながる司法の闇

紀藤　統一教会やオウム真理教の問題についても、犯罪被害者の問題についても、それから裏金とか、検察・警察の捜査の問題についても、基本的には「ひとつの国家観の中で連続している」ような気がするのです。

それはどうしてかというと、やはり日本の被害者救済は、基本的には警察がやっているわけですけど、警察の捜査のあり方にしても、検察の捜査のあり方にしても、いわゆる「犯人を挙げる捜査」をやっているのです。犯人を挙げる捜査というのは、基本的には犯人が逮捕されれば終わりで、その背景事情までは面倒だから調べないわけです。犯人が逮捕されるまでは調べます。でも犯人が逮捕された直後から、二三日間の拘束期間があるわけですが、そうすると検察も警察も、その二三日間で行なえる捜査しかしないのです。そこが一貫してある問題です。

伊藤白水の事件については、その問題点が象徴的に出ていて、彼が自主的に出頭したから、そこから二三日間でしか捜査できないのですよ。もし、これを一年かけて捜査をしていたら、全然違う状況になったと思うのです。だから、もし犯人がずっと逃亡していたら、また全然違う話になるのです。だけども、彼はなぜか一日で任意出頭するわけです。それで捜査が縮小してしまいました。

他の事件でも、日本の司法はこの傾向が非常に強いのです。犯人が逮捕されることによって、その後は「犯人を有罪にするための捜査」だけがなされて、犯罪の背景事情に関する捜査はされないということが、繰り返し行なわれています。

検察の捜査もまったく一緒です。検察審査会への請求と、その後の審査ができますけど、そもそも検察審査会は捜査権を持たないので、検察庁や警察が調べた証拠で調べるのです。つまり、最初から警察や検察が「嫌疑不十分」になるような証拠しか収集していなければ、当然検察審査会でも「嫌疑不十分」になるので、起訴相当にはならないのですよ。捜査権がないということが、検察審査会の最大の課題でもあるし、問題でもあるんですけど、捜査権を持たない以上、いわゆる捜査過誤みたいなものを、後から審査できないのです。だから一定程度捜査がされている事件は起訴相当が出るけども、捜査されていない、最初からやる気がない事件は起訴相当になりません。

泉　自民党の裏金問題では、安倍派の幹部は「嫌疑なし」ですからね。びっくりしましたけど。検察審査会をにらんで、起訴相当を避けるために、検察がわざわざサボったような。「嫌疑なし」なんて、起訴相当にしようがないですから。検察はすごくタチが悪いですね。

紀藤　検察庁の証拠がそのまま検察審査会に持ちこまれることはあまり報道されていません。繰り返しますが、検察庁が調べた証拠というのは、真剣に調べた証拠だったら起訴相当が出るかもしれないけど、最初から手抜きをすれば、当然「起訴はちょっと難しいね」ということになってしまうわけです。手抜きどころか、マイナスの調書を取っている可能性もあります。

泉　検察が「嫌疑なし」にしてしまっているから、検察審査会にしても、どうしようもないですね。

紀藤　検察には、政治家に配慮した「マイナスの調書」があると思うのです。そういう調書を作ると、起訴相当には絶対にならないのです。だから逆に言うと、検察審査会に捜査権がないので、検察のチェックはできないのです。そこに大きな問題があるんですけど、いずれにせよ警察とか検察の捜査というのは、「捜査側が有罪にしたい」人を「有罪にするための捜査」をしているのです。国家のためにやっているわけではないのですよ。

同時に、これも石井紘基さんがずっと言っていたことですけど、やはり情報を公開しないといけないでしょう。一九九九年に「情報公開法」（施行二〇〇一年）という法律ができたのですが、これがアメリカみたいな「情報自由化法」までいかないと、つまり何十年か後に情報公開されるというような仕組みにしないと、非公開にされた記録はそのまま闇の中です。

アメリカの情報自由化法みたいな法律があれば、今は機密事項だとしても、五〇年後か一〇〇年後かには公開されるわけです。そうすると、「未来の人に恥ずかしくない捜査をする」という発想が生まれるけれど、日本のように、「機密のまま永久に公開されない」となると、自分たちの保身のための工作が行なわれやすくなるわけです。

非公開の記録だとしても、「五〇年、一〇〇年後には公開される記録」を残すべきだと思うのですが、日本にはないのです。それを定めるような法律がないことが、結局、裏金の問題にもつながっていきます。記録を後になっても公開しないのですから、裏金の問題にもつながるし、オウム真理教や統一教会を放置した問題にもつながっていきます。

基本的には、記録は、今の時代ならコンピューターに全部保存できますから、保存した上で、今すぐ開示してはいけない情報はすぐに開示する必要はないけれど、永久に開示しないという仕組みは、どう考えてもおかしいわけです。

個別の事件の連続性の上に、大規模な組織犯罪が――裏金も組織犯罪のひとつですが、つながっていくということはやはりあると思います。石井さんは、一つひとつの事実を下から積み上げていくタイプで、被害者救済もやっていたし、ロシアに留学していたので、ロシアのオウム真理教の状況もよくわかっていて、オウム真理教事件も追及していた。その後は、統一教会の事件も追及していました。

同時に石井さんは、中間法人の問題をかなり追及していて、「国家の予算がどう流れていくか」を探っていました。中間法人になると予算の報告義務もないということで、これを暴いていったという作業も、結局、情報公開の一環なんですね。

だから、石井紘基さんが生きていたら、今の裏金問題ももうすこし改善されたのではないかと思うし、統一教会問題もたぶんなかったのではないかと思います。それぐらいに、石井紘基さんの追及はしつこかった。悪や不正を許しませんでした。

泉　当時も今でも石井さんぐらいでしょうね。国会で、国家のブラックボックス、権力の闇をしっかり開いていく。国民に透明化する。それを本気でやろうとする政治家ってほとんどいませんでした。本当にこつこつ積み上げていく、ものすごい執念の方でしたね。

オウム事件の坂本弁護士との出会い

泉　私の中で、紀藤弁護士にはすごく感謝していることがあって。二〇〇五年の郵政改革総選挙のとき、紀藤弁護士はわざわざ自腹を切って私の選挙区にマイクを握りに来て、演説して応援して帰っていかれたんです。そのとき、私は会っていないんですよ。でもうちのスタッフが感動して、紀藤弁護士は当時からすでに著名な方でしたから、「あの有名な紀藤弁護士が自腹切って、来てくれた！」と。

紀藤　自腹切らないと選挙違反なので。自腹切るのは当たり前ですから。

泉　「泉を落としてはいけない。なんとか国会に残す必要がある！」と演説していただいて。まあ、あのときは落ちてしまったんですけど。本当にわざわざすみませんでした。

紀藤　あのとき落ちたのはショックでしたよね、あのときはね。だけど、世の中捨てたものじゃないですよね。その後、泉さんが明石市長になって本当によかったと思いますね。

泉　私からすると、本当は紀藤弁護士が政治家をやったらいいと思っていて。情熱もあるし、判断力もあるし、責任感もあるし、魂あるし、そういう意味では、紀藤弁護士のような方が本当は石井さんの遺志を継いで、政治の世界で頑張られたらと勝手ながら思っていたんですけど。ただ紀藤弁護士はご自身のスタンスで弁護士として、被害者救済とかいろんな仕事をやってられる感じですかね。

石井さんとの活動は、オウム系が多かったですか？

紀藤　オウムとその後、統一教会も。だから、成城教会の……。

泉　世田谷区にありましたもんね、統一教会。

紀藤　成城に統一教会が進出するという話があって、結局石井紘基さんと私が住民運動の中に入っていって、退去に成功しました。住民のレベルでやっていたときにはまったく解決しなかったんですけど、やはり単純な住民だけの運動では難しいんですよね。世論も味方につけた息の長い住民運動で、二年くらいかけてようやく退去したという経過です。成城の人たちからは感謝されました。成城は石井紘基さんの選挙区でもありました。

泉　そうです。統一教会とは緊張感ある関係で、市民の側に立って戦っていた珍しい議員でした。そういう国会議員はいなかったですからね。

紀藤　普通なら「怖い」という気持ちが先立つでしょうからね。オウムの後に統一教会を相手にやっていたわけですが、石井さんは、気にせずやっておられたんですね。

泉　その点で、ぜひおうかがいしたいのは、私から言えば紀藤弁護士は感動的にすごい方で、なにがすごいって、「命を張っている」という意識かどうかわかりませんけど、石井さん同様に非常に危険なことを早い段階から、オウムにしても統一教会にしても一貫してやり続けて、正論を言い続けて、今に至っておられる。ほとんどの人は手を出さないか、手を出しても途中で緩んでいくのに、怖くはないのですか？

紀藤　まず私の先人に故・坂本堤《つつみ》弁護士がいるのです。坂本さんご一家が失踪したのは一九八九年で、当時、私は司法修習中でした。私は坂本さんに、事件の前年に事務所訪問でお会いしています。だから、その坂本さんが亡くなったということと、あとは坂本さんの失踪した場所ですよね。それをテレビとか写真で見て、正直言ってびっくりしたんです。

彼は弁護士三年目だったんですけど、三年目の弁護士が、庶民が住むような、普通のアパートで生活されているんです、家族三人でね。だから、外からそのまま犯人は玄関ドアまで入っていける。オートロックとかないんですよ。弁護士なのにセキュリティーもなく、一般の人と同じような生活をされていました。

事務所訪問に行ったときに、彼が私に問いかけたのが、「紀藤さん、うちの事務所は嘘がないんだよ」と。ビジネスローとか企業側につくと、ビジネスのためには嘘もつかないといけないし、本音だけではできないんだよと。だけどうちの事務所は、自分がやっている事件は、嘘がないんだということを言われて、「ああ、弁護士にもこのような先生がいるんだな」と思いました。そして事件後に報道を見たら、相変わらず普通の生活をされていて。弁護士だからお金を儲《もう》けてオートロックのマンションに住んでいるのかなと思ったら、そうではなかった。だから、逆に狙われたんですよね。

僕は、一九九〇年に弁護士登録をしました。それで彼を見ていて思ったのは、「弁護士は最低限のセキュリティーにはお金をかけないといけない」ということが、まずひとつ。ですから弁護士になったときに、自分ではすこし無理をして、オートロックのあるマンションに住んだのです。

ずっと自分の中では、やはり坂本さんの失踪とその後の死があったので、彼によってひとつは救われたという面と、彼によって自分のセキュリティー意識を高められたという面と両方あるんです。坂本さんの死によって、「弁護士を殺害したらどういうことになるか」ということが多くの人に知られました。そして弁護士の殺害事件が、カルト側や暴力団側でもなくなりました。その前は、暴力団員が弁護士を刺した事件もありましたよね。それがなくなりました。

紀藤正樹氏　撮影：内藤サトル

あとは、やはりセキュリティーは重要なのだなと思って、ずっと弁護士になってからは、セキュリティーには、かなり経費をかけています。

泉　紀藤弁護士は九〇年登録で、九五年に石井さんと出会った。ということは、弁護士になってすぐに、オウムと関わられているんですね。

紀藤　それは自分の本にも書いていますけど、九〇年にたまたま入った弁護士事務所が、統一教会問題をやっていたのがきっかけです。別に統一教会問題をやりたくて入ったわけではないです。僕としては、むしろそのころはバブルの絶頂だったので、消費者や市民の立場から、バブルの問題や不動産高騰の問題をやりたかった。

だから、私も石井紘基さんのように、国家の闇の部分を追及したくて弁護士になったのだけど、いざなってみると、現場の問題のほうが先に来ますから、実際の相談を受けて、統一教会問題に取り組み始めました。統一教会問題だけではなくて、不動産問題であるとか、消費者問題もやりたかったので、今もスルガ銀行の不正融資事件を担当しています。それから当時、インターネット時代に入る前の萌芽《ほうが》的サービスとも評価できるダイヤルQ2という電話サービスの高額請求問題があったので、通信やインターネットの問題も弁護士業としてやっています。

泉　紀藤弁護士は、他の弁護士がやらないことを次々形にしていってますよね。負けようが勝とうが、しっかり弁護団を作って被害者に寄り添うあたりは、一貫しておられる意識ですけど、最初からそういう感じだったのですか。

紀藤　はい。最初からそういう仕事がしたくて、弁護士を始めました。だから、石井さんと共通しているんですけど、理不尽が嫌いなんです。弁護士って、「法律に違反しているか、いないか」だけで見る傾向が非常に強い、ですから、一般市民からは嫌われる場合があります。思い切って弁護士のところに相談に行ったのに、「それは法律上は問題ないですよ」と言われて、失望して帰る市民がいる。だから弁護士が嫌いという人も多いですけど、弁護士はやはり、「法律に違反していなければいい」ではなくて、法律に違反していなくても、そこに理不尽や不正があったら、法律を変えていくべきだと思います。

「現実に適応していない法律を、クリエイティブに変えていく」という作業が、弁護士の仕事だと思うのですよ。だって、「法律に書いてあるとおりにやる」という仕事だったら、誰でもできます。それは他の弁護士がやればいいわけであって、やはり本来、弁護士はクリエイティブな仕事をすべきで、裁判にも創造性があると思っています。

そして、裁判では勝ち負けに関係なく、理不尽な出来事は多くの人の同情を誘い、共感を呼ぶので、犯罪被害者等基本法のように、最終的には法律になっていくではないですか。

泉　紀藤弁護士はいろいろな法律を作ってこられたし、判決も作ってきました。それまでにない分野を切り開いて、弁護団で戦って、判決を勝ち取って、法律も作っていってるから、まさにクリエイティブというか、道なき道を進んでいる感じですね。

紀藤　国会議員も本当はそれに近い仕事のはずなんですよね。

泉　そうなんですよ。熱く語るけど、私、最近の裏金問題で思うんですけど、「不起訴で処罰されないからセーフ」じゃないんですよ。

紀藤　そう思いますね。

泉　ポイントは三つあります。「処罰されるかどうか」の問題と、「違法かどうか」と、「違法でなくても妥当なのか」の問題。それがあるから理不尽なんですよ。

裏金の場合も本来なら、「法律がおかしいのなら、変えないといけない」と議論するべきなのに、「法律違反していても処罰されなかったらセーフ」みたいな理論がまかり通っていることはおかしい。処罰されないのは当たり前で、違法でないのも当たり前で、その先の理不尽ではない、正義を貫く政治をすべしと思っています。

だから、私も司法試験を受けたときに、最初のころは、赤ペン持って、六法全書を直そうと思った。「民法も刑法も、なんでこんな理不尽なことを書いているのか?」と。「なんで財産ばかり保護されて、女性の権利は保護されないんだ?」とか、民法にしても、やたら財産系が強かった。法律が正しいわけではなくて、人間をベースに考えて、間違っている法律は変えないといけないし、まだない法律は作らないといけない。紀藤弁護士は、それを実践してこられているからすごいです。

より複雑かつ巧妙になった利権の構造

泉　紀藤弁護士は統一教会問題で有名だけど、全国で弁護団をいくつも立ち上げられて、事務所を挙げて、膨大な資料を集めてこつこつやっていますよね。報道されているのは一部だけで、紀藤弁護士がやっている仕事って、みんなの知らないような、こつこつする仕事がベースですから。

紀藤　泉さんとは、国会議員のときに一緒に、探偵業法を作ろうとして、当時探偵が非常に問題になったんですよね。探偵詐欺みたいなのが横行していた。泉さんが国会議員に落選した後の二〇〇七年に、探偵業法ができました。現在、それが有用に機能しているわけですけど、やはり「法律にないものを、形に変えて、今の制度設計にする」という作業は実はとても重要で、それがまさに国の形なわけですよ。

だから、統一教会の問題が起きたときに、なぜ統一教会と国会議員が癒着してしまうのか。あえて与党と言いませんが、癒着してしまうのは、やはりそこは「票が欲しいから」でしょう。票が欲しいからという理由は、「運動員が欲しいから」なんですよね。運動員というのは、逆に言うと、お金と同様な価値がある。政治家にとっては、人を雇わなくても来てくれるボランティアが多いほうがいいわけです。そうすると、ボランティアというものも、とくに組織ボランティアについては、その是非を問うべきではないかという気がするんですよね。

泉　金と宗教と選挙の問題ですね。政治家からすると、金、つまり人件費で釣るか、宗教を味方につけるか。宗教だと、タダでやってくれるんですよ。実際政治家からすると、選挙対策として、金だとリスクが高いけど、宗教だとリスクは少ない。しかもかなり組織的にやってくれるから、国会議員の一部がやたら宗教と組みたがるのはリアリティーがあります。金を出さなくても動いてくれるし、なにかあったときに口も堅いし。組織防衛に走りますからね。

だから、政治と宗教がからんでくる理由は、選挙も大きいでしょうね。本当はそこを厳密にルール化しないといけないと思いますけど、放置されたまま来てしまっています。

これは「たられば」の話ですが、石井さんが命を絶たれずに、闇を暴いていれば、お金の問題とか宗教の問題も、もうすこしルール化されていた可能性は高かった。その後、石井さんのような政治家がいなくなってしまって、私も反省しているんですよ。

石井さんが暴こうとした、特別会計のブラックボックス。「私たちのお金がどこに消えているか?」とか、政治と宗教との問題にしても、今も結局不透明なままなので、もう一回問いかけないといけないですね。

紀藤　政治家のパーティーもそうだけど、政党助成金を作ったときに、どうして企業・団体献金を完全に禁止しなかったのか、まったく理解できないですね。石井紘基さんの言っていたことのいいとこ取りをして、「やってる感」を見せた上で結局、裏金が作れる構造になってしまっている。

泉　本来は企業・団体献金の代わりに、「国民ひとりあたりコーヒー一杯分、二五〇円の負担」で政党助成金を作ったのに、企業献金を残してしまって。おまけに裏金ですからね。

紀藤　一挙両得ですよね。

泉　そう、焼け太りです。

紀藤　本当にそんな感じなんですよ。だから、政党助成金を作って、本当はなくすはずのものが残ってしまうわけだから、両方あって得になってしまう上に、「寄附されたものは報告義務がない」となると、それは裏金になるというか、闇のお金になるだけなので。官房機密費のようなものじゃないですか。

泉　そう、官房機密費と一緒ですね。

紀藤　官房機密費と同じような図式のものが個々の議員にできてしまうというのは、とても闇が大きい。だって裏金が二〇〇〇万円とかですよ。

泉　闇が膨らんでいってる感じですね。

紀藤　二〇〇〇万ものお金が自由に使えて報告すらしないって、びっくりしてしまうんですけど。

泉　政策活動費も、各党の総計で年間一六億円（二〇二二年）ですからね。一年間に一〇億もの金を自由に使って、なにに使っても「使途不明」ですから。本当にルール化がなされていなくて、ブラックボックスがブラックボックスのまま、かえって巧妙になって、見えづらくなっている。

自分の反省も込めて言うと、石井さんの死をもって、当時石井さんと一緒にやっていた国会Gメンにしても追及の形は変わってしまった。石井さんは、公益法人の問題も追及していたんですけど、亡くなった後は、ほとんどやる人がいなくなってしまった。

紀藤　特殊法人や公益法人は、予算の報告義務があるわけです。だけどその傘下の二次法人になると、もう報告義務がないものが多数出てくる。だから今、地方自治体でも二次法人が非常に多いじゃないですか。むしろ石井さんが闇を暴いたことで、「二次法人に報告義務はない」ということを知った人たちが……。

泉　ああ、逆に。

紀藤　特殊法人や公益法人の下に、いっぱい二次法人を作っている。港湾事業とか道路事業とか、大きなお金が動くところで、みんな上から下にどんどん落としているわけです。そのせいで以前より、お金の流れが見えにくくなっている。

泉　国民のお金がどう使われているか、わからないですね。あと最近は、あえて言いますけど、人材派遣会社のパソナなんかにも、地方自治体の場合もそうだけど、驚くほどの金を出すんですよ。だから、パソナが間に入っただけで、「パソナに出しました、以上」で、パソナに出した金額しかわからなくて、その後のお金の流れは一切わからない。

実際、中抜きがあったりします。過剰請求ですから、本来とまったく違う請求額を、自治体は払っているんですね。どこかの業者を間に噛《か》ませて、その先のお金の流れをわからなくする。手口はかえって巧妙化していますね。

紀藤　国政調査権についても、状況は変わりましたね。石井さんが国政調査権を行使して、各省庁から資料を入手していた時代は、個々の議員の特権として配慮されていました。だから、個々の議員が官僚を呼ぶと、比較的よく来てくれたんです。「資料を出せ」と言ったら出していた時代なんですよ。あのころはまだ牧歌的でした。

ところが、個人情報保護法ができたころ、だから二〇〇〇年以降ぐらいから、個人情報を理由に官僚も資料を出さなくなってきたのです。現在は国会議員でもなかなか資料を手に入れるのが難しくなってきています。「情報公開法と個人情報」はワンセットで、資料を出さない理由として使われています。「これは個々の企業から集めてきた情報なので出せません」とか、「市民のプライバシーがあるから出せません」「個人情報が含まれているから出せません」といった対応が、二〇〇〇年以降非常に増えてきたように感じます。いわゆる「不開示規定」ですね。

泉　情報「公開法」とは名ばかりのもので、行政が資料を出さない根拠にしている法律ですから、逆にブラックボックス化が進んでいますね。明石市長をしていたときも、私はさんざん資料を提出させましたが、ちょっとした理由で、すぐ黒塗りで真っ黒にしてしまう。なんの利害もないような、ささいな情報すら出しません。それはやはり役人の発想です。市長なのに「資料を黒塗りするな！」と言ったのは、私ぐらいですよ。

紀藤　だからアメリカのような情報自由化法は絶対必要なんですよ。個人のプライバシーに配慮する個人情報保護法と、後世に情報を保存する情報自由化法はワンセットでしょう。

泉　情報の公開も、時間をずらすとか要件化するのはありですよね。情報のすべてをオープンにすると不都合な場合は、五〇年後に公開するとか、後日検証できる状況にするだけでも違ってきます。今はもう完全にもみ消せる状況ですからね。

あまりにも後進的な検察の捜査

紀藤　今回の裏金事件での検察の不起訴については、ＳＮＳなどでも「検察は仕事しろ」といった国民の不満の声が上がりました。司法を健全に機能させるための改革には、いくつかの方法が考えられます。

たとえばアメリカのように、市民も起訴に参加する「大陪審」を置いている国があります。そのようにして検察官の起訴独占を防ぐ国もあるので、「日本に大陪審を作る」という方法もあるだろうし、検察官に恥ずかしいことをさせないという意味では、後世で情報が開示される「情報自由化法」を作るという方法もあるでしょう。それから、「検察審査会に捜査権を持たせる」というやり方もあるでしょうし、いろんな処方箋はあると思います。

今の検察庁の制度というのは、起訴が完全に検察官に独占されています。だから、こういう制度って、警察も同じですけどふたつの問題があって、ひとつは、「やり過ぎる」問題なんですよ。つまり、「行き過ぎた捜査」です。これは国策捜査の場合が多いですけど、自白を強要して冤罪《えんざい》を作る捜査とか、やり過ぎる捜査の問題がまずひとつ。その反対に「やらない捜査」というのも問題なのです。本来やるべきことを、やってこなかったわけですから。

たとえば、性被害は「やらない捜査」の典型的な例です。なぜジャニーズ事件が放置されたのかというと、警察が捜査しなかったからです。警察がやらなければ、検察が捜査すればいいのですが、検察もやらなかった。だから、「やらない捜査」がずっと続いていたということです。

同じように、今回の裏金問題も、「やらない捜査」の典型だと思うんですよね。普通の市民だったら、みんな逮捕案件ですよ。なぜかといったら、逮捕しないと本当のことをしゃべらないからです。

泉　今回の裏金事件では、検察は捜査していませんよね。あれでは捜査したうちに入らないでしょう。任意でしゃべるわけがない。

紀藤　普通は、共犯がいる捜査なのだから、一般市民だったらふたり同時に逮捕なんですよ。日大背任事件もそうだったじゃないですか。だから、一般人なら逮捕するのに、議員は逮捕しないんですよ。逮捕しないで任意の取り調べですから、会計責任者が「私だけでやりました」になってしまうわけです。だから、それが基本的におかしくて、「なんで国会議員は逮捕されないの？」という話になる。「市民だったら一万円でも逮捕されるのに、どうして二〇〇〇万円で逮捕されないの？」となるじゃないですか。

今回、略式起訴したのが三五〇〇万円ぐらいでしょう。あの基準を二〇〇〇万円に落としたら、何人かまた入ってくるんです。萩生田《はぎうだ》議員とかも入ってきてしまう。だから、三五〇〇万円という基準には、そういう事情もあったのかもしれないですよね。

二〇〇〇万円でも国民から見るとあまりに高額です。国民から見ると非常に疑念があります。やはり検察庁に対する捜査の改善は必要でしょう。法整備が必要ということになります。

泉　今おっしゃったように、起訴独占という問題。日本では捜査の「裁量権」を、官僚である検察がほぼ独占してしまっているから、「裁量権を国民の手にどの程度取り戻すか？」の論点もあるし、あとは「起訴便宜主義」といって、日本の場合は起訴するかどうかを検察官が勝手に決めるという問題もある。ドイツやイタリアは「起訴法定主義」だから、証拠があったら必ず起訴しないと、検察の不始末になります。

日本の場合は、官僚である検察に裁量権を持たせているから、官僚のやりたい放題になってしまっていますね。やはり法的に問題だと思います。

あとは捜査の透明化ですね。五〇年後でもいいから、捜査で得られた情報をオープンにする。今はすべて闇に葬られてしまうから、そこも法整備が必要だと思いますけどね。でも、国会議員は、自分で自分に厳しい法律は作らないですね。

紀藤　検察庁も同じです。自分で自分の首を絞める法律は作らない。だから国民が言わないとダメです。

泉　やっぱり最後は世論です。

紀藤　捜査の透明化についても、日本では進まないですよね。逮捕された国会議員ですら言わない。長崎で引退した議員、誰でしたかね。

泉　谷川弥一さん。

紀藤　谷川さんも、引退するんだったら全部しゃべればいいじゃないですか。しゃべらないから記者がストレスたまるし、国民もストレスがたまるわけであって、辞めるんだったら全部しゃべってくれればいいのにと思うけど、引退してしゃべらないわけでしょう。

これまでも、国会議員でも逮捕された人は何人もいるのに、捜査の内容についてみんな口外しない。

だから、国家・国民のために議員をやっているというよりは、自分の未来のためにやっている議員が多いのではないでしょうか。逮捕されても、「次の選挙では……」とその後の身の振り方を考えている。

大企業でも、社内の不祥事を隠す人が多い理由は、その会社を辞めた後も、ほとんどの場合で、どこか他の企業への就職を斡旋《あっせん》してもらえるからですよ。そこにも、いわゆる「黙らせるためのお金」が流れているんですよね。そういった日本的慣習が、ずっと続いてきてしまっているのでしょう。逮捕された経験のある国会議員ですら、「捜査はこういうところがおかしい」

と告発する人が誰ひとりいないというのは、すこし驚きます。

僕はたとえば、逮捕経験がある鈴木宗男さんのような人こそ、積極的に記者会見を開いて、捜査の問題点についてはっきり言ってほしいと思います。「海外のように、日本の取り調べでも弁護人立会いが必要だ」とか、遠慮せずに言ってほしいですね。ああいった方々が発言してくれれば、なにが警察、検察の捜査の問題点なのかが明らかになると思うのですが。やっぱり議員に覚悟がないと思いますね。

泉　日本の捜査とか取り調べって、他の国と比べたらあり得ない、閉鎖的なものですよね。完全に警察、検察のやりたい放題で、不祥事も表に出ない。他の国だったら立会いや可視化は当たり前ですからね。警察、検察の捜査も含めて、日本という国は、官僚がやりやすい仕組みになっていますよね。

学者、活動家、政治家——三つの顔を持っていた

泉　紀藤弁護士が先ほどおっしゃった「公益法人」の問題のように、石井さんが問いかけたテーマは、その後解明が進むどころか、「逆手に取ってやれ」と手口が巧妙になってしまっています。まさに問いかけが逆行し、より闇が深くなり、裏金文化や組織の闇につながってしまっ

ている。ですから、石井さんが投げかけた問いかけは、今さらに大きな意味を持っていると思いますけどね。

話は戻りますが、紀藤弁護士は、やはり理不尽を許せない正義感があって、ご自身としては当たり前のようにやってこられたかもしれませんけど、まわりから見たらあそこまで普通はできないなと思いますよね。統一教会のように、「怖くないのかな?」と思われるような問題に取り組んでおられるわけですが、やはり理不尽が許せないのですか。

紀藤　僕自身は自然体なんですよ。だからよく言われるけど、問題を放置しているほうがストレスがたまるというか、仕事をしていないほうがストレスがたまる。石井さんと出会ったころはまだ三〇代だったし、亡くなられたときは四〇代でしたけど、そのころは自分でも「忙しいのは嫌だな」と思う感覚はありましたよ。だけど今思うと、むしろ忙しくないほうがストレスがたまります。だから、自然体でないと続かないだろうと思っています。石井さんも自然体だから、あの年齢まで続いたんでしょうね。

泉　私から言えば、石井さんは石井さんで、自分の使命や役割などやるべきことを理解して、忠実にやっておられたから、無理していたというよりは、「気づいてしまった自分がやるんだ」という諦念みたいなものがあったかなと思いますけどね。そういう意味では強いというか、当たり前のようにやっていましたね。人から見たら大変だなと思うことを、本人的には粛々とやっていた感じはしますけどね。資料の収集力とか、半端なかったですね。

紀藤　半端ないですよね。

泉　あの本気度は。「国会議員の仕事か？」というようなことも含めてやっていましたよね。

紀藤　なにからなにまで特別で、研究者と運動家と政治家が三位一体だったような人ですよね。だから、彼の書いた『日本が自滅する日』という本があるじゃないですか。あれは論文みたいなもので学者の本ですよね。

泉　石井さんはたしかに「学者」と「活動家」と「政治家」でしたね。政治家の立場をきちんと活かしながら、住民運動などの活動もしていたし、それを学問的に書く能力もあった。おっしゃるとおり、三つの側面がある方でしたね。

紀藤　ああいう人は、なかなか出ないですよね。

泉　そういう意味では、本当に六一歳ではあまりにも早過ぎましたね。私も石井さんの年齢に追いつきましたし、紀藤さんは六三ですよね。そういう意味では六一にして失うには痛い方でしたね。

紀藤　本当にそう思いますね。政治家の先生方って、その後いっぱいいろんな人とつきあっているんですけど、与党でいうと政務官や副大臣、あるいは役職とか、そういうポジションに就かないときは暇だというんですよね。みなさん、「基本的には暇」と言われるのです。だけど、石井さんは役職に就かなくても忙しかったですからね。役職に就こうが就くまいが仕事をやれる、かなり希有《けう》な政治家だったと思います。役職に就いて働くのは当たり前で、だけど、石井さんは役職のない時代から、とにかくつねに働いていらっしゃって。

議員会館は以前と比べると、夜も電気がつくようになっているんですよ。東日本大震災ぐらいから急激に変化しているんですけど、あれはやはり石井さんが働いていた時代を知っている人たちが、議員会館で努力されているのかなというふうに思いますね。実際、議員立法が増えているような印象を持ちます。議員立法というか、議員提案ですね。立法化するかどうかの、議員提案が増えていると思います。ですから今の政治家も努力されているとは思うけど、石井さんはそれを一九九〇年代からやっておられた。

泉　早かったですよね。早過ぎたぐらい早かった。やはりソ連への留学も大きかったんですかね。

紀藤　それは本人も言っていました。「ソ連に留学して、ソ連はまったくダメだとわかった。それが、日本でも同じようなことが起きていた」と。

泉　今、まさにその状況で、政治家が政治決断せず、選挙で国民から選ばれているのに国民を見ずに官僚の言いなりになってしまっていて、官僚機構はブラックボックス化して、組織防衛に走っている。それは財務省などの中央省庁だけではなくて、検察も似たような構造です。組織の論理が勝ってしまっていて、透明化もされていないし、国民のほうを向いているわけでもない。官僚組織のブラックボックス化が進んでいる状況が、今、裏金捜査などの問題として、表面化してきているのかなと思いますね。

政治責任をとらないから決断ができない

泉　改めてお聞きしますけど、石井紘基さんの今日的意義について、紀藤弁護士はどうお感じになりますか？　石井紘基さんが投げかけたテーマと、今とのつながり、意味するものというのは、どのあたりでしょうかね。

紀藤　やはり政治家は、市民に最大多数の幸福をもたらすように行動すべきで、そういう国家観を持っていてほしいんですよね。国を語るとすぐ戦争を言う人が多いのがとても気になるのだけど、国のあり方として危機管理がなってない。危機管理ができていないのに戦争だけ語るというのは、まったく私は理解できません。

たとえば今回の能登の地震だって、「一月一日から即応性があまりにもなかったのはなぜ?」と思うわけですよ。即応性があまりにも遅いということは、戦争になっても、たぶん即応性は遅いですよね。

なぜそういうことになっているのかといったら、やはり国の形を、東京から見た世界ではなく、日本各地の自分が住んでいる場所で、ビビッドに感じる国会議員が、少な過ぎるからだと思います。

たぶん、能登の災害対策が遅れたのは、やはり東京で指揮しているからですよ。だって能登では地震が以前から起きているのに、能登の人たちが危機感を持っていないわけがないんですよね。それなのに、政府のある東京からは能登は対策地域にはなっていないわけです。

一九九五年の阪神・淡路大震災への対応が遅れたのも、同じ原因だと思うのですよ。やはり危機管理の観点からも、「もうすこし地方分権できないのか」とかの考えって、普通に思いつくことではないですか。危機は地方から始まる可能性がありますよね。拉致問題だって、日本海側から始まっているわけですから。そうすると、むしろ地方が重要なのかもしれないではないですか。

だけど、日本は地方を重んじるのではなく、中央集権的な危機管理とか防衛と言っているわけです。そういうのって、まったくずれていると思います。

泉　本当にコロナのときも、私は明石市長として感じましたけど、中央省庁はなんの指示もできなくてぼーっとしているんですよ。結局こちらは市長で大統領制に近いので、私としては商店街に行って話聞いて、賃料二カ月分の一〇〇万円の緊急支援を行なったり、五万円をひとり親家庭に支給したり、大学の前期学費を立て替えて払ったり、奨学金制度を作ったり、市独自でバンバンやりまくったんですよ。ですから結局は政治決断ができるかどうかなんです。

今の政治というのは、政治決断もできない。政治決断の前提は、政治責任なんですよ。政治家は責任をとる前提で決断をしなければならないのに、責任逃れするような政治家は決断をしないから、結局責任をとらない官僚に任せていて、官僚は逆に責任をとりたくないから無難なことをしたいし、目線も全然現場目線ではないから、あらゆる対応が遅いと感じますね。

最近の政治改革の議論を見ていると、フランスを思い出すんですよ。一九九〇年代にフランスは日本と同じように不祥事があって、企業・団体献金を廃止したわけです。その決断できる政治はなんなのかというと、一九九〇年代のフランスは、ヨーロッパの中でも少子化が進んでいたのです。でも政府は一気に方針転換をして、予算を倍増して、一時出生率二・〇を超えたんですよ。つまり、政治決断できる政治かどうかです。フランスは企業・団体献金も「えいや！」と廃止できる。だから、いわゆる少子化対策も「えいや！」と実行できる国なんですよね。

もっと言うと、ジェンダー平等にしてもフランスは、国会議員の女性の比率を高めようとしたら、憲法裁判所で「違憲」の判決が出たんです。そこでなにをしたかといったら、「憲法改正」ですよ。国会議員の男女比率を同率に近づけることが憲法違反だったら、「憲法を変えて、男女比を同率に近づけねばならない」と改革を断行したのがフランスです。

実際にフランスでは男女比がどんどん近づいていきました。県議会議員だけはどうしても男性が多かったので、そこでなにをしたか？　ペア制ですよ。フランスの県議会議員は、男女ペアです。自動的にふたりで選出されます。つまり、政治決断する国がフランスだとすると、日本はあれもこれも決断できないから、企業・団体献金すら一度廃止と言ってから、結局廃止せずに焼け太りまでしてしまう。

だから能登の災害対応が遅れたのも、結局政治家が政治をしていないから、責任を前提に決断する政治が日本にないからです。市長はある意味大統領制なので、「俺が責任とる」と言って決断できる立場で政治をやってきた者としては、国を見ると、全然「政治がない」と思いますね。政治改革すらやれない。少子化対策もできない。国民生活も救えない。被災者支援だって遅いですよね。ですから、紀藤弁護士がおっしゃったように、国のひとつの問題として、全部がつながっている気がしますけどね。

紀藤　まさにつながっているんですよ。だけど、そのようにつながっているものを、誰も見ようとしていないのです。

泉　紀藤弁護士は先ほど、石井さんには三つの側面があると言いました。「学者的な側面」と、「活動家という側面」と、「政治家の側面」。そういう意味で言うと、結果において私は政治家の側面を継いで、紀藤弁護士は活動家の側面を継いで、カルト被害者の救済活動を、石井さんが亡くなられた後もずっと継続しています。次に対談する安冨歩さんは、石井さんを「財政学者」として学者的な側面を再評価しています。それで石井さんの三側面がすべて引き継がれていくのかな。そして石井ターニャさんは当然家族の一員ですから、この四人で、人間・石井紘基のいろんな側面に光を当てながら、その今日的な意義を、世の中に問いかけていきたいですね。

紀藤正樹（きとう・まさき）
一九六〇年、山口県宇部市生まれ。リンク総合法律事務所所長。弁護士（第二東京弁護士会所属）。市民の立ち位置から、一般の消費者被害から宗教やインターネット、SNSにかかわる消費者問題、被害者の人権問題、児童虐待問題等に尽力している。著作に『カルト宗教』『決定版 マインド・コントロール』（共にアスコム）、『議論の極意』（SB新書）等多数。

第五章　〈安富歩×泉房穂　対談〉
「卓越した財政学者」としての石井紘基

対談の最後は、安富歩さん。『「満洲国」の金融』（創文社、一九九七年）や『原発危機と「東大話法」──傍観者の論理・欺瞞《ぎまん》の言語』（明石書店、二〇一二年）など、日本を支配する官僚システムに関して、他の追随を許さぬ研究を行なってきた経済学者である。石井紘基をその死後「発見」し、生前の業績に光を当て、「卓越した財政学者」として再評価してきた。私とは過去にYouTubeチャンネル「一月万冊」で対談、地方行政と選挙をテーマに話をしてきた。今回は石井紘基をテーマに、その今日的意義を語っていただく。

日本を「関所システム」という観点から見る

泉　安富先生自身は、石井紘基さんが生きていたときには接点はないんですよね。ただ、石井さんに関しては思い入れ強く発信をしていただいていて、今となっては本当に石井紘基さんの一番の理解者であり、発信者であると私も思っています。

安冨　ありがとうございます。私が石井紘基という名前を知ったのは、おそらく彼が暗殺された日だったのではないかと思います。そのときも大変な衝撃は受けましたけれども、石井紘基の持っている「恐るべき意義」というものはまったく理解していませんでした。

それを理解したのは、『経済学の船出―創発の海へ』（NTT出版、二〇一〇年）という本を書いていたときでした。その本で「関所資本主義」という概念を提案したのですが、これはどういう概念かというと、あらゆる経済で大きな利益を出すには、どこかにコミュニケーションのボトルネックを作って、その細くなったところを押さえて通行料を巻き上げるという形をとらざるを得ないのではないかということです。これが関所です。

たとえば銀行にしても、マスメディア、鉄道、郵便にしても全部そうだと思うんですけど、とくに自動車会社などは、ものすごい数の部品が下請けから集まってきて、本社工場で自動車になって多数の消費者に売られていくとき、ボトルネックである本社だけに莫大《ばくだい》な利益が出る。つまり、いかなる経済でも、莫大な利益を出すためには、どこかにそういう「ボトルネックを作る」ということが必要なのではないかと考えたのです。

そういうボトルネックは、外部からの参入がたくさんあると維持できなくなるので、外部からの参入を防がないといけない。それにはどうしても国家権力とくっつく必要があって、資本主義というものは、国民国家の出現と同時に実現しているわけですから、本質的に国民経済、国民国家というものと深く結びついているのだろうと。

安冨歩氏　撮影：楠聖子

それは外部に開かれる程度の高い国ではやりにくいけれども、開かれていない国ではやりやすくなると考えたわけです。「日本のような島国は外部に対して閉じやすいから、国民国家の形成もやりやすかったし、関所的資本主義システムも作りやすかったのではないだろうか」という仮説を立てました。

そして、日本経済というものをそういう「関所の集積」という形で理解することが適切なのではないだろうかと考えました。そのモデルの元になったのは、実は私が研究していた「満洲国」なんですけど、「戦後日本財政について、経済の関所システムとの結びつきを論じた人はいるのだろうか?」と思って調べていったところ、いないのです。いかなる財政学者であっても、あるいはマルクス主義者であっても、そういう観点から議論は立てていなかったと私は理解しています。

そうして万策尽きたころに、石井紘基という存在に出会いました。とくに石井さんの主著の『日本が自滅する日』を読んだときに大変な衝撃を受けまして。まさしくそのようにして日本経済のありさまを描き出してある本であり、しかも、学者では調べられない面を調べている。

なぜこういう議論を学者が立てなかったかというと、手のつけようがなかったからだと思うのです。一方、石井紘基は、国政調査権を活用して、日本の関所的なシステムを調べていく。ただ彼は「関所システム」ではなくて、「官制経済」というふうに呼んでいます。官制経済と関所システムは微妙に違うのですが、関所システムという考え方は、「あらゆる経済がすこし大きくなると関所化する、それの集積として国家もある」というふうに考えていて、片や官制経済は官のほうから全体を考えているので、見る方角が違うんですけれども、現実の日本経済を論じるにはほぼ変わらないと思います。

泉　そうですね、同じと見てよいでしょう。

安冨　『日本が自滅する日』には具体的なさまざまなデータが挙げられていて、かつ、私が予想していたよりもはるかに恐ろしいことが書いてあったわけです。私ですら、もうすこし日本経済というのはましな経済ではないかと思っていた。つまり、「民間の活力やエネルギーというものが背後にあって、そこに国家システムが乗るという形態は、少なくとも戦後経済においては形成されていたのではないか」というふうに期待していたのですけれども、見事に打ち砕かれてしまいました。

なぜ石井紘基がそういうふうに考えたのかというと、ソ連留学で、マルクス主義によって統治されている国家を知ろうと思って行ったにもかかわらず、実際に見たのは恐るべき官僚経済だった。そんなとき、多くの人は、そういう状況に陥ると自分の偏見のほうを守るのです。つまり、マルクス主義的な世界の理想像を守ろうとして現実を歪《ゆが》めるのですが、石井紘基という人物はそういうことをしないで、現実の「恐るべき官僚システム」というリアリティーのほうを見抜くことができた。そのことに大変な敬意を感じました。その後石井さんは帰国して、同じ観点から日本経済を見たときに、この国はソ連にそっくりだということを見抜かれた。

泉　そうそう、そこのところです。

安冨　私の場合は、「この国は『満洲国』にそっくりだ」というふうに感じたのです。でも、石井さんは全然別の観点から、ソ連にそっくりなのだという形で同じものを見出されて、かつそれを詳細に研究して本にまとめられた。そのことに感銘を受けると同時に、「石井紘基ってそれからどうなったんだっけ？」と調べたら、「あの暗殺された政治家だったんだ」ということを知り、深い衝撃を受けました。

もしあのまま石井さんが生きていて民主党政権ができていたとしたら、おそらく石井紘基が副総裁なり幹事長なり、あるいは財務大臣なり、重い役職に就いて官僚システムに切りこんだはずなのです。けれども、得体の知れない力に石井さんが事前に始末されてしまっていたということに、私は深い戦慄《せんりつ》を覚えました。

国家という権力システムは、そうやって不適切な人物を排除する。今のロシアのプーチン政権下でも、そういう人物が次々に消えていくわけですけれども、そんなことが日本でも起きていた、まさにロシアにそっくりだということが、石井さん自身の死をもって示されていることに深い衝撃を受けました。

私は、この人こそが戦後最大の政治家であり、政治家だけではなく財政学者、経済学者と言ってもいいかもしれませんが、とにかく社会経済学者として最高の業績を残した人だと思っております。

石井紘基の本質は学者

泉　今の話でいうとよく覚えていますが、「世の中は右とか左とか、資本主義、社会主義とか言うけれど、そう単純ではなく、どちらも一部の官僚廷吏が、多くの国民が気づかないブラックボックス化したところで、国民を虐げている状況がある。それをなんとかしなくてはいけない」と石井さんは言っておられました。

石井さんは、つねに国民のほうからものを見ていました。国民が納めている税金の使われ方が、途中から見えなくなって、どこに消えているのか誰もわからない状況に対して、強い憤りをお持ちでした。ソ連で目の当たりにした現実、翻って日本との重なり合い。「官制経済」の発見者であり、早過ぎたぐらいの気づきだったんでしょうね。

安冨　早過ぎたというか、いまだに誰もそこに到達できていないと思います。理屈としては理解していますけれども、石井さんのように一つひとつをつぶさに、官制経済の機構の中に問い詰めていって、「どうなっているんだ?」と国会の場で尋ねていかれた人は、ひとりもいないのではないでしょうか。

泉　普通そういうことは、国会議員はしない。選挙にプラスになるわけでもないし、官僚を敵に回すことにもなりかねないから。しかし政治家のすることだと思われていないことを、彼はやった。夜になって、普通の政治家なら選挙区に戻って支援者にビールをついでいるところを、議員会館でひとり、仕事に打ちこんでいた。石井紘基は政治家であり、研究者であり、活動家でもありました。

安冨　私はやはり、彼の本質は学者であると思います。政治家ではなくて、卓越した学者がたまたまそういう政治的な立場にいたという、ある種の奇跡的な出来事だったように感じます。

泉　石井さんは、議員会館にほぼ徹夜のような状況で、住みこむ形で資料に埋まりながら、仕事をしていました。もう学者の研究室ですよ、石井さんの部屋は。大量の資料を読みこみ、さまざまな角度から分析して、謎を解こうとしていた。執念がすごかったですね。

石井さんは、国民への愛があったと思うんです。「この謎を解いて、国民の税金を正しく使うようにしないといけない」との気持ちが強かったので、その政治的情熱を背景に、学者的に分析されたのかなと思いますね。

安冨　私はむしろ逆な気もしていて、たぶん知的好奇心というものが彼を駆動していたのではないかなと思っています。

というのも、私が大学院生から助手のころに、「満洲国」のさまざまな金融の資料を集めて、それを読み解いて、『「満洲国」の金融』という本を書いたのですが、そのときに私は、石井さんとほぼ同じことをしていたのです。膨大な資料を読んで、その数字をコンピューターで解析して、『満洲国』の金の流れはどうなっていたんだ？」と、何年も取り憑《とつ》かれたように解析をしていました。

ですから、石井さんの本を読んだときに、「満洲国」の研究をしていたときの自分と通底するものを感じたのです。

泉　石井さんとしても、情熱と知的好奇心の両方をもって調べる中で、やればやるほど、ブラックボックスがよく見えてきてしまったので、余計に深みというか、奥のほうに切りこもうとしたのだと思います。

安冨　石井さんと他の国会議員の大きな違いは、やはりその思想的な深さだと思うのです。ソ連というシステムをあらわに見て、かつその暴力性を深く理解し、それと同じ構造が日本にあることに戦慄しておられたと思うのです。

ですから石井さんが亡くなられた状況にしても、今のプーチン政権下で、システムに都合の悪い人間が次々に消えていくこととよく似ているし、それは国家システム、関所システム全体が「この人物は危険だ」というふうに感じて、それで消したのではないかと思うのです。

もちろんそれは誰かが意図して、誰かに命令してやらせたと思うのですが、全システムの総意として、「石井紘基を消さなければならない」というような暗黙の意思決定が行なわれたと思うのです。これはまずいぞみたいなことになってきて、システムの中でなんとなくそういう空気が形成されていったのかなと思うのですが。

泉 石井さんの死は、私にとっては個人的な意味も大きいのですが、まわりの議員に対する影響も大きくて、国の中枢に切りこむことが、石井さんの死をきっかけにタブー化してしまったと思います。誰もが腫れ物に触る状況になってしまい、そこから二〇年の月日が流れてしまいました。

そういう意味では私自身も、石井さんの正義感のふたつの側面のうちの「弱者救済」は引き継ぎましたが、「不正追及」に関しては手をつけてきませんでした。ただ、改めて石井さんの投げかけた問いを誰かが引き継ぐ必要もあるし、明石市長を終えて、政治と若干距離を持ったところで、私としてもその遺志を継ぐ者として、この「官制経済」というテーマを、改めて真正面から位置づける必要があると思っています。

安冨 私も十三回忌のときに、石井ターニャさんに呼ばれて、「石井紘基の抱いていた危険な好奇心、知的好奇心というものを人々が継承することができるなら、石井紘基を甦《よみがえ》らせることができる」とお話ししました。私たちの納めた税金がどこに流れていて、誰の手元に行っているか？　一人ひとりの力は弱いとしても、たとえば何万人もの人がそういう興味を抱いたとしたら、隠し得ないと思うんですよね。

自民党の裏金疑惑にしても、上脇博之《かみわきひろし》教授、それに赤旗の記者という、わずか二、三人の人が好奇心を抱いたことによって、国全体の規模に広がりました。

特殊法人のルーツは「満洲国」の公社

泉　私たちの税金がどこに流れているか。たとえば今の政治に置き換えると、財務省を中心に「お金はない」とみんなが思いこんでいて、財務省の「お金がない」というセリフに対して、マスコミもチェックしないし、学者もそれを前提にして制度設計をしています。だけど、本当にお金がないのかを検証した人がいるのかといえば、国全体のお金の状況を、誰も把握していないのではないかと思うのです。

それにもかかわらず、「お金はない」ことになっていて、結局、国民負担増が続いています。

そこで私が、「実はお金はあります」と言ってしまうと、それはテレビや新聞では言ってはいけないことであって、大きなハレーションを起こしてしまう。日本ではお金がないことを大前提に制度が作られてきているので、「本当はお金はあります。なんとかなりますよ」というセリフは、みなさんにすごく刺さるというか、意味を持ってきているように感じています。

安冨　なぜメディアも、たとえば大学教員などの専門家もそういうふうに切りこまないかというと、それはメディアも大学もみんな関所側だからだと思うんですよ。だから、切りこむと、最終的には自分の足元を掘り崩す、あるいは場合によると命を奪われるかもしれないという、そういう危険を感じているのではないかと思うのです。本来ならば、国立大学で養われている経済学者は、国民の僕《しもべ》なのですから全員この問題に取り組むべきなわけですよ。でも、愚にもつかない論文しか書いていません。

泉　日本は資本主義で、民間主導と言われているけれど、実際は、石井さんの言葉を借りると「官制経済」、あるいは安冨先生のように「関所主義」と言ってもいいけれど、要は財務省を中心としたエリート官僚が、国の予算を支配している構造で、その中で国民の税金が消えていっている状況です。その実態はブラックボックス化していて、国民が外から見ることはできません。

そこでお金がブラックボックス化すればするほど、権限、権力というものは強くなっていくので、結局そのエネルギーが止まらないほどの強い力になって、その「金権エネルギー」が働き続けた結果、今の「失われた三〇年」に至ってしまったと私は思っています。

安富　戦前と戦後の日本について考えたときに、戦前の日本というのは官僚だけが強かったわけではなくて、軍人と財閥と宮廷とがあったのです。なので、ある意味では五頭政治。「陸軍、海軍、官僚、宮廷、財閥」みたいな勢力があったんですけど、戦後は陸軍、海軍がなくなって、宮廷も力を失ったので、官僚天国になってしまった。財閥も解体されてなくなったわけですしね。

財閥の代わりにできたのが、いわゆる公社や、まさに石井さんが問題にされた日本住宅公団（住宅・都市整備公団の前身）などの特殊法人ですよね。「満洲国」は、「財閥入るべからず」といって、○○公社というものをいっぱい作りました。大企業はすべて官営だったのです。その構造が、戦後日本の財閥を排除した後の、官僚中心の経済システムによく似ているのです。それが、私がこの「関所システム」というものを考えるようになった理由なんですけど、それと同じものを、石井さんはソ連を通じて見出しておられました。

泉　今の話をうかがって改めて思うんですけど、いわゆる「ザ・資本主義」の国家群の中で、日本だけが三〇年間経済成長もせず、給料も変わらず、国民負担増が続いています。その謎解きのひとつに、「官制経済」という、官僚が極端に強い国家システムが無関係ではなくて、結局、フランスなど他の国はもうすこし政治が強いから、政治的決断をもって大きく制度を変えたり、システム変更をしています。

しかし、日本は官僚が強過ぎて、いわゆるバブル崩壊後の危機的状況の中でも、引き続き官僚が国を仕切ってしまったので、政策判断を誤りました。結果、先進国では日本だけが三〇年間、当時のまま止まってしまっています。

それをどう解決するか。官僚が考えたところで解決できなくて、そこは「官僚主導でない新たな仕組みづくりがいるのではないか」というのが私の考えです。石井さんも言っておられたように、「国民主導の政治」に変えていかないといけないと思いますね。

安冨　おっしゃるとおりですね。ソ連の崩壊と日本の停滞が同じ時期に起きているということが、まさに日本とソ連のシステムがよく似ているという答えではないかと思うのです。もちろん先進国、いわゆるアメリカにしてもヨーロッパにしても基本的には同じ構造はしているのですが、もうちょっと緩いんです。それの大きな理由は、やはり天皇制にあると思います。日本には天皇制というものがあって、私自身は、どちらかというと親・天皇論者だと思っているんですけど、天皇制というのは、社会システムを支える、ものすごく強い力があるのです。

今の皇室に対する人々の尊敬の気持ちって、やはり強いものがあるので、それが最終的に私たちの社会の安定感を支えていると思うのですが、たとえばアメリカなどにはそれがないんです。そうすると、政治が社会システムの安定なども含めて担保しないといけない任務を負っているので、「これはまずい」という状況になったら、人々も「なんとかしないといけない」というふうに追いこまれると思うのですが、日本の場合は天皇制によって、そこに社会的な安定性の核がある。これ自体は大変すばらしいことかもしれませんが、それによって「政治が無責任化していても天皇がいるから平気」ということにもなって、その空白に先ほどの「国民のお金を巻き上げる人々」が巣くっていることになると思うのです。

これをどうしたらいいのかというのは、実は結構難しい。「天皇制を廃止する」というのがひとつの方法なんです。それで大統領制にする。あるいは言い方が悪いなら、天皇直接選挙制にする。けれども、誰が天皇になるべきかをみんなで投票する制度を導入したら、安心なんてしていられなくなる。到底尊敬できない人が天皇になってしまうみたいなことになったら、社会的安定性は一気に失われることになります。

私はそれはあまりよい方法ではないと思っていて、なにか別の道を見出さないといけないと思っています。その道はまだ私にははっきり見えていないのですが、泉さんが明石市でなさったことは、ひとつの大きな回答だと思います。つまり、「なぜ人々が政党を信頼しないのか」というと、それは「政党というものが、システムの一部である」ということを理解しているからだと思うのです。たとえ共産党であろうと、社民党であろうと、「すべてがシステムの一部に過ぎないのではないか?」と人々はぼんやり感じていて、「こんな人たちのうちから、どれか選べと言われても選べない」となっているところに、「市民と権力」という対立関係を構図として持ちこむなら勝利できるということを、泉さんは図式的に証明されたと思います。

受験エリートが支配する国

泉　いみじくも、石井さんが晩年に書いた『日本が自滅する日』の最後で、「構造改革のための二五のプログラム」を示していますけど、その一番目はなにかというと、「既得権益と闘う国民政権をつくる」。これはまさに私がいま言っている「救民内閣」構想と一緒で、国民のサイドで政権交代をするということを、言っているわけです。国民が自らを救うためのキーワードは「既得権益」対「国民サイド」、右左の対立から九〇度ずらして、上下に構図を持ってくる。

石井さんは二〇年以上前にこの本を書かれていて、ずっと前から「国民政権」という発想を持っておられたわけで、その意義は大きいと思います。

安冨　石井さんは、ドキュメンタリー番組（「『日本病』の正体」）のインタビューで、「民主党の人たちもよくわかってなくてね、自民党のほうがまだわかったりするんだ」と言っておられましたが、そのことを指しているのだと思います。

問題はさまざまな組織における官僚的なシステムにある。関所システムの中核部には官僚がいると思うのですが、たとえば共産党も東大卒が支配しているし、朝日新聞も東大卒が支配しているし、メディアも労働組合も、東大卒の人が支配しているみたいな。

泉　そうそう。だから基本的にみんな、お面を付け替えただけなので、中の人は一緒なんです。いわゆる受験エリートが、東京大学法学部を卒業した後、枝分かれしていっただけなんです。中央省庁に行く人間もいれば、権力を批判したくて朝日新聞やＮＨＫに行く人間もいるし、研究がしたくて学者になる人間もいる。でも、基本的に同じメンバーですよね。

だから、そこから政治家になっても、自民党も民主党も共産党も、メンバーの中枢はかなり近いですよね。同じような生まれ育ちで、その中でもエリート中のエリートの財務省主計局に対する崇拝は強く、正しさの根拠をそこに持ってしまう。「これまでの政治は間違っている」という発想ではなくて、自分たちはそこで成功している体験があるので、今の社会システムに問題があるとは思っていなくて、それなりにうまく機能しているのではないかと思ってしまう。

私は、今の社会システムは非常に理不尽であり、不合理であり、是正すべきシステムだと思っているから、そこが彼らと違うところですね。

安冨　やはり泉さんの大きな特徴というのは、ご自身でもよくおっしゃっていますが貧しい漁村のお生まれで、弟さんは障害があるという出自ではないかと。受験エリートにそういう出自の人はいないですよね。

泉　本当に珍しいかもしれません。

安冨　私ですら、父親は小学校の教師で、校長になったりしているので、完全にシステム側なんですけども、父方の祖父になると、大阪湾の「沖仲士」（港湾作業員）なんですよ。私はどちらかというと、文化的に外れた人間なんですね。

泉　そういう意味では、政治も与野党は分かれているようでも、どこかつながっている感じがあるし、マスコミも官僚を批判しているようでも実はつながっている。批判の仕方は生ぬるくて、最後は手打ちするような状況になってしまって、「本当にシステムを変えようと思っていますか？」と思うことが多いですね。結局は現状維持に走ってしまうことが多くて、既得権益サイドの方々の集まりである、政・官・財・マスコミ・学あたりが、すべて既得権側に入ってしまっている。

その既得権益側と、国民というかサイレントマジョリティーとの格差が、かなり開いていっている状況です。そういったあきらめさせられている状況があったのに、「あきらめるな、希望はあるんだ！」と投げかけたのが、私にとっては石井さんでした。

一九八九年当時。五五年体制の時代状況で、石井さんは、自民党、社会党の二大政党以外から、中選挙区で選挙で勝ち上がろうなんてことを考えた。市民の力で勝とうと思ったんですね。その無謀さにも感動したし、市民、国民と一緒に社会を変えていく可能性を探る方がいたことにも感動して、私も石井さんのところに飛びこみました。

しかし、石井さんがやりかけたのに、それは突然の死をもって止まってしまいました。その「止まった時間をもう一回動かし始める」という必要性を、今、感じています。

安冨　まさに、そこが石井さんの傑出しているところだなと思います。官僚的なシステムができ上がったときに、どう戦うのかというと、「システムを作り替える」とか、あるいは「壊す」とかいう発想に行くのが普通だと思うんですよね。とりあえず替えるという。でも石井さんは、そんなことは問題ではないのだと。

だから、たとえば「特殊法人は全部なくせばいい。代替案はいらない」とおっしゃっていて、そうすれば、その空いた穴を、民間の経済活動が埋めるのだから、特殊法人は全部なくしてよいという解決案を出されているわけですよね。

そしてとくに私が感心したのが、いわゆる「民営化」というものに強く反対しておられたことです。特殊法人などを民営化すると、国政調査権すら及ばなくなるから、そうすると本当の意味でやりたい放題になるということを予告しておられて、実際そのとおりになりました。

石井さんは、それではなんの解決にもならないから、特殊法人で働いている人たちには年金を支給して、辞めてもらって、そこで働いている一〇〇万なり二〇〇万人なりのポストを消してしまえばいいのだと言っています。

そうして空いたところの仕事は民間がやればいい、政府は邪魔さえしなければいいという解決策を出されたのは、まさに「市民の力」というものを信じておられたからですよね。

それは一見、新自由主義みたいな解決方法なわけです。でも、そうではなくて、「人々のつながりというものに社会や政治の基盤が置かれないといけない」ということをお考えになっていたところが、理論的な一貫性としてすばらしいと私は思います。

泉　そう、一貫性。本当にそうです。目線はあくまでも国民のほうにあり、国民の力を信じ、国民のつながり、まさに連帯というか、そのつながりによってパワーになる。安冨先生もよく動画で説明されているけど、「ＡＢＣＤＥがあって、全部がつながるとものすごく大きな力になる」みたいな感じの発想ですよね。五角形のＡＢＣＤＥが、ＡとＢがつながっただけではすこしか力が出ないけど、ＡＢＣＤＥが全部つながった瞬間に、すごい強さが生まれるという。

安富　線形思考（Ａ→Ｂ）と回帰性思考（循環するＡＢＣＤＥ）の話ですね。物事の一部だけ「Ａ→Ｂ」と切り取って操作してみても、思ったような結果は得られませんが、

Ａ→Ｂ→Ｃ→Ｄ→Ｅ（Ｅ→Ａ）

と全体が接続すると、循環が始まり、ポジティブフィードバックが起こる。問題の本質というのは「国民が分断されている」ことにあるということを、石井さんは一九七〇年代、八〇年代の段階で理解しておられたというのは大変なことだと思います。

選挙を取り巻く状況に変化が起きている

安富　石井さんがお亡くなりになってからの二〇年間だけでも、国民の間の分断はとてつもない勢いで進行しています。人々は、友達がいなくなって、孤独・孤立対策の担当大臣ができたりしているぐらいですから、問題は深刻になっています。でも、それと同時に「市民とつながる形で選挙をすると勝てる」という大きな希望も出てきている。

泉　そうです。そこがとくに、私が最近言っていることなんです。

安冨　市民がつながるということでは、私はこの間（二〇二四年二月）の前橋市の市長選挙に、興味を持ちました。あれは泉さんは、関わりにはなっておられないんですよね？

泉　私は両方とも近しくて、現職の山本龍さんも昔からよく知っている関係で、小川晶《あきら》さんも弁護士で数年前からおつきあいがあって、たまたま群馬県に講演で去年の暮れに行ったときに、ふたりとも私の控室に来て、選挙応援に来てくれと言われたけど、「所沢市長選で打ち止めです。すいません、地方選挙の応援はやめているんで」と両方ともお断りしたんです。

ただ、その当時の状況から、私としては「小川さんが勝つのではないか？」と思っていました。現職の山本さんも評判は悪くない方で、現職の市長の中では、私としては良質な方だと思っていますけど、まちの空気感を見ていても、やはりそこはもう変化を求めています。

小川さんはもともとは立憲系ですけど、完全無所属になって、政党ではなくて、市民に依拠する形をとったので、そのスタンスさえとれば、まさに「自分たちに近い小川さん」対、「これまでの方」という構図になります。これまでの方については、かなり評判が悪かった所沢とは違いましたが……。

安冨　たしかに所沢の「これまでの方」は強烈でした。

泉　ただ、前橋の山本さんはそこまで悪くなくて、出口調査を見ても、山本市政については評価が高いんです。六割以上が「イエス」でした。だから、現職市政にノーではないものの、庶民は生活のしんどさも含めて新しい変化を求めている状況なので、属人的な「人対人」の問題だけではなくて、それを超えた「構図」の問題としての選挙になってきたとは思いました。

やはり大きなところは、旧来の右左の構図を、「既得権益対自分たち」に持ってくる。この構図を作れるかどうかが大きな分かれ目になるというのが、今の私のスタンスです。

安冨　でも、「なぜ変化が起きるのか?」と考えたんですけど、やはりみんな切羽詰まっているということが大きいのかなと。

泉　そうです。だから、それは不幸なことで、私がいつも言っているのは、三〇年間給料が上がらないのに、税金が上がり、保険料が上がり、物価が上がり、もう使うお金がないわけです。にもかかわらず、さらに負担を負わせようとしている。国から首を絞められ、絞められ、さらに、「やめてくれ」と言うのにもう一回ぐっと絞めてきているという状況だから、庶民としては、「もういいかげんにやめてくれ!」って感じのエネルギーがありますから、そこは大きい。ベースとしてかなり、不満のエネルギーが強いと思いますね。

安冨　そうですね。人々のつながりが強くなって変革が起きているのではなくて、最終的に追いこまれ始めているという。

泉　ただ、選挙を見ているると、やはり、その追いこまれた人々が、一定程度つながってくると跳ねるんですよ。

安冨　そうですね。

泉　そこは明石の前回の市長選、私の後の選挙もそうでしたし、所沢も同じですけど、とくに三〇代ぐらいの眠っていた、投票に行かなかった層が目覚めると、変化が起こると思います。そうすると、ちょっとした変化でも、実際、投票結果がひっくり返りますから、選挙を取り巻く状況は変わってきました。夜明け前が近づきつつあることは実感しています。

安冨　私も自分が出馬した二〇一八年の埼玉県東松山市長選の際、「つながりをどうやって作るんだろう?」と考えたのですが、いい方法は見出せなかったんです。でも、やはり選挙というものが、そういうつながりを作る大きな装置なんだなって……。

泉　本来、選挙は美しいものです。ただ、日本は非常に新人が通りにくくて、選挙制度が無茶苦茶ひどいです。

　でも、そのひどいルールであったとしても、立候補できるわけですよ。私のような者でも立候補できる。年齢制限はあるけど、一応収入の制限はないから、お金はない方であろうが、有名でなかろうが、選挙に出ることができる。

そして一番美しいのは、全員が命に等しい一票を持っている。これは本当に選挙の美しさであって、命に等しい一票であって、所属や収入に応じてではないし、有名さに応じてでもない。ひとり一票なんですよ。そうすると、当然数としてはサイレントマジョリティーのほうが多いわけですから、市民の一人ひとりが目覚めれば、サイレントマジョリティーが勝つのが選挙です。そこに活路があると私は信じています。

ただ、かなりアンフェアな選挙制度だし、投票率の問題もあるから、普通に戦っても勝てないんです。いつも言うのは、七割以上のサイレントマジョリティーの心をつかんで、共感が得られれば、選挙に勝てるということ。私はその可能性を感じていますけどね。

安冨　選挙というものを通じて人々がつながり得るということを、明石市は証明しましたよね。

泉　そうです。つながるし、選挙によって自信も深まる。明石がそうであるように。明石は政策も変わったし、まちの風景も変わったけど、一番変わったのは市民の気持ちなんですよ。まさに市民が、まちの駅前で困っている人がいると、「荷物持ちましょうか」と言う。子どもが泣いていても、しかめっ面せずに、「元気な声やね」と温かい目で見る。まちに誇りを持っているし、自分たちがまちを作ってきた自負を持ったから、私が出なくても、知名度がない新人でも、各政党が組んだ候補にダブルスコアで圧勝できるまちになった。市民が学んだのだと思うんです。自信を得た、そこが大きいと思います。

安冨　議会制民主主義システムに私も半ば絶望しかかっていましたけれども、その必要はないのだなと。たとえば埼玉の所沢の選挙も、自民党の県議団が子どもの放置を禁止する「虐待禁止条例」の改正案を出したことによって、三〇代の子育てに大変な思いをしている方々が、道端で出会って世間話をするときに、「とんでもないものができるけどどうしよう」という話をされたことを通じて、ああいう大きな選挙結果になった。

今の学校制度がなくなったなら……

泉　今の話は大事なところで、やはり歴史というものは、いろいろな偶然も含めて必然だと思います。所沢市長選挙のときに、埼玉県の児童虐待の理不尽な条例（虐待禁止条例の改正案）が出てきたということも、歴史的な必然でした。所沢市の、「育休退園」を押しつけたりとか、子どもに冷たかったりとか、学校にエアコンをつけないとか、すべてを含んだトータルな話なんです。

まさに、あの条例を作った県議会議員からなられたのが、現職の所沢市長だったわけですから、そこには偶然ではない必然の要素があって、そこに所沢市長選挙のタイミングが重なって、歴史の必然を感じましたね。

私も所沢市長選挙に関わっていたので、あの埼玉県の条例改正案が出たときは「あきらめるのはまだ早い」とSNSでかなり発信をしました。マスコミは早い段階で、「委員会が可決したから本会議でも成立する」と書いていたので、私も驚きました。こんなに理不尽な条例を目の前にしながら、「やむなし」と書くのかと。あんなものは潰さなければいけないに決まっているのに、新聞、テレビ局は、「自公賛成で本会議も成立の見通し」とみんなが書いていた。

でも、あれも声を上げた瞬間に、SNSでバズって、三日でひっくり返りましたから。「市民が声を上げたら、政治は変えられる」ことを所沢の方々も学んだというか、自信を持ったと思いますね。

安冨　そうですね。SNSやインターネットというものは、非常に危険な要素も含んではいますけれども、人々がつながろうと思えば大きな力になる。

泉　もちろんよい面と悪い面の両面がありますけど、今の時代を前向きに捉えると、SNSやいろんな情報媒体の発達によって、ほとんどお金を使わずに世界中の情報を得られるようになった。そして発信も、有名でなかろうが、お金がなかろうが、それぞれができる時代というものに、私は一種の可能性を感じますね。

安冨　ＳＮＳなどを使って市民が声を上げてつながれば政治は変わる。私の最大のテーマでもあるのですけれども、こうしたことは、これからの学校教育のあり方とも深く関わってくることだと思っています。

いわゆる学校制度というものは耐用年数がもうだいぶ前に切れただろうなと思っています。ですから、「今の学校制度をどう直すか？」というのはもう無理かな、必要ないかなと思っていて、すでに小学校、中学校などたくさんの学校があるので、この学校はその地域の子どもを守る機関に変わるべきであり、あらゆる子どもが逃げこめる場所になるべきだと。学校にさえ行けば助かる。死なずに済む。そして、生きのびるために必要な知識はそこに行けば得られるみたいな、そういう、「子どもたちが自然に集まってきたくなるような安全地帯」に変えていくということが、根本だと思っています。

それから、エリートというもの、いわゆる学歴エリートはもう必要ないと思っています。もうほとんどはＡＩに置き換えることが可能であり、かつ大学で学ばないといけないような知識って、ほぼインターネットで手に入るんですよね。YouTubeとか見れば、少なくとも英語の翻訳をかければ、大学でやっているような授業は極めてハイレベルなものが全部そろっています。

つまり学校とは、子どもたちを思春期に勉強させて、記号操作や情報処理ができて、国家システムとか企業の運営ができるようにするための装置だったわけですけれども、もはやまったく必要がなくなっていると思います。なので、私たちが学校教育に振り向けている資源は、すべての子どもをすべての暴力から守るために使えばいい。今ある学校とかそういうものは、そのための機関として作り替えるべきだと思っています。

そこから先、「では、どうやって各自が知識を学ぶのですか？」ということは、石井さんと同じ意見ですけど、勝手にみんな学ぶと思いますね。知る必要があったり、知りたいと思うことができるなら、必要な情報は今はいくらでも手に入るので、そこを社会や国が支援すればいいのであって、これとこれを学びなさいと言って勉強させるということは、もうやめるべきです。

それからもうひとつ、エリートの選抜のやり方をやはり根本から変えるべきで、学校をなくしてしまえば、もう学歴エリートはいなくなるんですけれども、記号操作的な知識なんていうものはもう本当に必要ないので、そうではなくて、「闘う勇気」とか、「人に対する感じる心」とか、そういうものを持った人が指導者になる。

つまり、今起きていることはまさにそうで、前橋市の選挙はとても面白かったのですが、山本さんは本当に優れた市長なんですよ。にもかかわらず、どうして小川さんが選ばれたかというと、「どっちが私を守ってくれるか？」と思ったとき、「小川さんだ」となったのだと思うんです。そのように、「この人が自分たちの指導者であれば私が助かる」というふうに思う人々が、エリートとして選ばれるような形に変わっていかないといけない。

そのような社会と現実の社会との距離はあまりにも離れていますが、そちらに向かって動かしていく以外に、解決方法はないだろうと思っています。そのひとつの方法がやはり政治主導ということです。ただ「政治主導」と言われると滅茶苦茶怖いわけですよね。

たとえばトランプ元大統領みたいな人も出てくるわけですから。あるいは小池百合子さんみたいな人もそうだと思うのですけど。でも、そういうリスクを考えても、学歴エリートたちが支配しているような官僚システムに任せ続けるのは危険だと思います。そうではなくて、選挙というすばらしいシステムがあるので、人々が自分の味方になってくれると思う人を選んでいくということを担保するしかないかなと思っています。

泉　私も市長をやっていましたから、明石市でも一二年間で、子どもに関するいろんな学校の出来事があったのですが、いつも学校の先生方の対応には違和感を覚えました。それは、私が国会議員や政治家に対して感じている違和感と近くて、一種独特な方々の成功体験の属性なんです。

学校の先生方は基本的に学校が好きで、学校のルールに従って生きてきて、先生になっているのです。だから、不登校が理解できない。「学校に来ないのだったら、来たほうがいい」と。学校に来ない選択肢に対して受け入れ難い方々の集まりであって、不登校の問題は、「なんとか学校に来させてあげよう」という発想になってしまうし、たとえばなにか悪さをしても、深夜徘徊《はいかい》というものも理解できなくて、「なんで夜中に外に出るのか？」となる。家に居場所がないとか、家庭の問題があるがゆえに深夜徘徊せざるを得ないような子どもに、共感できないんですよね。学校の先生方っていろいろな方がいるように見えるけど、かなり属性が近いんです。

そこは今の政治家とか官僚の属性と近いものがあります。ですから私は、学校の先生には、ぐれていた経験もある人や、学校に行かなかった人も採用されるようにならないと、価値判断の偏った者ばかりになると思いましたね。

国の変化は地方から

安冨　泉さんは明石市長を一二年務められましたが、ジェームズ・ブライスの「地方自治は民主主義の学校である」という思想は、単なるお題目ではなくて、長い年月のいろいろな国での経験に基づいた知恵だと思うのです。

今の日本の地方自治は、たとえば、明石市長は学校を再編できない。病院のお医者さんを決めることができない。明石市の警察を変えることができない。警察と教育と医療という、市民にとって最も大事な三つの機関に関する権限は、市長から奪われているんですよね。そのような状況で地方自治ができているだけでも、私はびっくりしましたけれども、やはりまず、地方自治にこういったすべての機能を統合すべきだと思います。

そうなると、たとえば誰が市長になるかで、警察の構造も変わる、医療も変わる、学校も変わるとなったら、みんなやっぱり目の色が変わって投票に行くのではないかと思うのです。その中で「市民とシステム」という対立が本当にあるのだということを人々が理解して、「自分たちを守ってくれる人を政治家にしよう」というふうに思い始めるならば、私はそこに本当に社会を成り立たせることのできる選挙民が生まれてくるのではないだろうかと思っています。

それは国政では無理です。いきなり国政でそんなことをしろと言われても、現実味がありません。だから、やはり地方自治というもの、つまり、市町村というものの単位は私は大事だと思っていて、ほとんどの権限を市町村におろして、中央政府というものはごく限られた機能だけを持つようになるべきだと思っています。

泉　今おっしゃっていただいたように、国はなかなかすぐに変わりにくい面はありますけど、「地方は選挙で勝てば、本当に変わるんだ」というリアリティーが広がっていっています。

それに加えて、私もいろんな選挙を手伝いながら思うところがあるのですが、とくに最近ありがたいのは、当選した市長が一気に方針転換をすることが増えてきていて、たとえば所沢市の小野塚勝俊《まさとし》市長は、就任した日に育休退園を廃止しました。その後も、給食の無償化を打ち出しています。立川市の酒井大史《だいし》市長も、公約は「小学校の給食無償化」だけだったのに、「小中学校の給食無償化」を二〇二四年四月から始めたんです。公約以上のことを一気にやろうとしていて、すこし前なら考えられなかった話ですけど、今や、選挙に立候補したら本当にひっくり返って通っていく。

そうして当選した市長が、一気に方針転換を具体化できている状況に入ってきました。もちろん全員ではないですよ。方針転換できていない市長も多いんですけど、方針転換をすぐにできる市長が複数現れ出したことは、私も希望を感じています。

そうすると、後に続く人たちが出てきて、「じゃあ自分も立候補して当選して、まちを変えよう」というムーブメントが広がっていきますから、すこし前までの明石止まりだった話が、どんどん今は飛び火していて、むしろ兵庫県よりも九州とか東京、とくに首都圏のほうで、首長の交代と方針転換が始まっている気がしますね。北九州も新しい市長が当選して、また方針転換になりましたし、地方の可能性は感じます。

安冨　やはり変化は地方からですね。なによりも有権者が絶望していることが、現在の政治システムの最大の問題だと思うので、「投票率が低いから選挙に行け」とか言われても、「投票なんかしたってしようがないよね」となるのは、ある意味正しいんでしょうね。私は、人々が選挙に行かないのは、「選挙なんか行ったってなんにも起きない」ということを正しく理解しているからではないかと思っていて、それを変えないといけない。そこの意識が変われば、いろんなことは変わっていくだろうと思っています。

泉　石井さんの『日本が自滅する日』でも、地方分権について書いてあります。官制経済からの脱却として、中央省庁から地方自治体に権限を移し、地方がパッケージとしての責任と権限を持ち、財源も確保すると。「責任と権限」と「財源」はセットですよね。

「国をどうするか?」と「地方をどうするか?」の話は、実はつながっていて、すべてを国家が巻き上げるような構造から、各地に住み分けをして、役割分担をする。もうその時代かなとは思います。

安冨先生もおっしゃったように、私も市長をやっていて、医療、教育、警察の権限がないことは物足りませんでした。私が今言っているのは「廃県置圏」。今ある都道府県や市町村を再編して、パッケージとしての自治体、適正規模の自治体として、しっかり市民の顔を見た仕事をしていくほうがいいと思っています。

安冨　石井紘基の思想に関心を抱いている人は、どんどん増えているように思いますから、私は、それが軸になった政治団体とか政党みたいなものができるのかもしれないとも思っています。それは「石井紘基」という名前は冠さないでもいいかもしれないけれど、問題の本質がどこにあるかというと、やはり「官制経済システムがすべてを支配している」ということです。

野党もメディアもアカデミズムも、その閉じたシステムの中で批判ごっこをしています。そして批判は一歩間違うと、すぐに「ディープステート」などの陰謀論になるんですよね。「トランプさんは闇の政府と闘っている」とかいう、トランプ支持者みたいなことになる。トランプ現象も官僚社会の不健全さのひとつの表現だと思っています。人々の間のつながりもないのに、大きな官僚的なシステムに対する人々の憎悪が巻き上がると、ファシズムに行くと思うのです。

泉　私も不本意でしたが、「明石のトランプ」とか言われました。「トランプと違う」と言っているんですけど。ただ、「どうしてトランプが人気なのか？」「どうしてトランプに期待が集まるか？」というような背景事情にはやはり意味があって、それを突き止める必要があると思います。

その大きな理由として、今のエリート政治に対する飽き足らなさというものが、トランプ的な政治家の支持につながっていると思います。そうすると、トランプのようなフェイク的な政治家ではなく、本当に国民のほうを向いている候補を立てればいい。私とトランプでは、出てきた政治状況は一緒だけど、出方が違うと思っています。

孤立せず、ともに攻めていく

安冨　二〇二四年三月に岸田内閣は、地方自治法改正案を閣議決定（同六月に可決・成立）しました。これは地方版の緊急事態条項みたいなもので、大規模災害や感染症危機などの非常時に、国が地方自治体に対して指示できる「指示権」を創設するというものです。

でも当然ですよね、システム側は非常な危機感を抱いているので。たとえば安倍政権がいろんな法律を、防衛関係の法律だとか、秘密保護法とか、とんでもないものを次々作り出していったのは、やはりそういう危機感の表れだと思います。「自分たちのシステムが揺らいでいる」

という。その揺らぎというのが、安倍政権のときはまだそよ風ぐらいだったのですけど、今はもう台風みたいになってきているので、これからもあらゆる手を打ってくることは考えられます。でも、そういった揺らぎは、いくら手を打っても止められるものではありません。ただ、プーチンみたいになると、民衆を抑えこめるわけです。だから、システムが人々を完全に封殺するという可能性も拡大していっていると思います。

でも、私は「日本ではそれは起きないのではないか」と楽観的に思っています。その大きな理由のひとつは、先ほども触れた天皇制なのです。日本にプーチンが出現できないのは、天皇がいるからです。官僚的システムによる支配はやりやすいけれど、独裁者は現れにくい構造になっているのが、天皇制のいいところだと私は思っています。でも、官僚的システムの崩壊に対しては、全力で抵抗してきます。石井紘基の暗殺もそのひとつの表現だったわけです。

泉　みんないまだに勘違いしているけれど、二〇〇〇年施行の「改正地方自治法」で、国と地方の関係は、法的には対等になっているんですよ。二〇〇〇年までは、国と地方はいわゆる上下関係で、「上下、主従」だったんです。それが二〇〇〇年で「対等」というふうに法律的には直ったけれど、誰もそうは思っていなくて、国の官僚はいまだに自分たちが上で、国民は自分たちに従えと思っているし、地方自治体の職員は、自分たちが下で、従わないといけないと思いこんでいる。「いや、そうじゃないよ。対等だよ」と言っても、みんなピンとこないのです。

実際に、私が市長になったときに、総務省などとケンカしまくったんですよ。でも、負けないです。なぜ負けないか、法律が変わっているからですよ。従う必要ないからです。国が理不尽なことを言ってきても、「嫌です」と言えば、それは負けないですよ。主従ではないから、対等だから。法律でそう決まっているから。

地方創生推進交付金にしても、総務大臣は好きに使えと言っているのに、総務省は「このとおり使え」と指示してくるんですよ。おかしいだろうと。「国が地方自治体に指示なんかできないはずですよ」と言っても、「総務省の了解が必要です」と言う。だけど無視して好きに使ったら、なにも言ってきませんでした。勝つんです。今は国と地方がケンカしても、国に負けたりはしないんです。

それもあって、今回の「指示権」は設置されたとも思います。緊急事態を名目に、もう一回国が主導する体制の突破口を開くために。どうしても「緊急事態」と言われると反論しにくいですから。だから、災害とかの名目で、国が巻き返しをはかってきたというのが私の見立てです。

本来なら閣議決定する前に、もっとみんなで議論すべきことですが、新聞も既定事項として報道するだけ。対等になっている国と地方の関係を、もう一回過去に戻そうという話なので、私はもっと議論すべきだと思いますけどね。

安冨　防衛関係とか緊急の災害が、取り締まりの手口に使われるのはつねにそうですね。

泉　あとはコロナとかの感染症です。戦争か災害か感染症を使って、国家というものは中央集権を強化していく。

安冨　歴史の必然ですよね。

泉　そうです。ですから、それに気づいた者が声を上げていかざるを得ないんですけど、そこは上手に声を上げないとね。そういう意味では、生々しい話ですけど、私自身にとってもやはり石井紘基さんの死というのは、とても大きな意味がある。

石井さん同様、自分の中に一種の覚悟がないわけではないですけど、かといって、やはりリスク回避を心がけて行動しなければなりません。ポイントは、「孤立したらダメ!」です。

言葉は悪いですけど、石井さんはやはり情報の共有をすればよかったと思うのです。つまり、自分のやろうとしたテーマを、もうすこし早い段階で広げるとか、仲間を増やすとかができていれば、もっと違った結果になっていたかもしれません。

石井紘基さんからの教訓と学びとしては、「できるだけ裾野を広げて、ともに攻め入っていく」ということ。国を相手に、自分ひとりでやろうとすると、やっぱり厳しい気はしますね。

石井紘基がもしSNSを使っていたら

安富　我々にあって、石井さんになかったのがインターネットだと思うんです。あの時代にはなかった。インターネットというのは、関所的システムに対抗できるシステムなんですよね。たとえば、石井紘基さんの時代には、やはり人々に対して発信しようと思ったら、マスメディアを通じるしかなかったんですけど、私は、YouTubeの「一月万冊」というチャンネルに毎日のように出演していますが、石井さんにはそういう手段はなかった。スマホさえあったらなんでもできる時代になっています。

泉　今はYouTube動画の影響力は大きいですね。私も自分の「いずみチャンネル」や、さまざまなネットのニュース番組、安富先生との「一月万冊」での対談など、「見ました」とよく声をかけられますから。私は最近、テレビにも出ていますけど、やはりSNS、ツイッター（X）とかの影響力は大きいので、一種の可能性は感じますね。個々の力がSNSの力を借りると一気に行く。先ほど話した埼玉県の条例も、SNSがなかったら止まってないですよ。

安冨　絶対そうですね。

泉　あれはテレビと新聞だけだったら、可決されて終わっていたのが、ＳＮＳのおかげで、市民の声の高まりで撤回になりましたから。やはりそこは可能性がありますね。

安冨　コンピューターとインターネットは、石井紘基さんの構想にはなかったものです。私が言ったように「学校教育をやめる」などということは、インターネットがなかったら完全に不可能なんですけど、インターネットを前提としたら、「もう学校教育とか完全に時代遅れだね」というのは、虚心坦懐《きょしんたんかい》に見れば、明らかなことだと思うのです。

たとえば、「教育システムを一から設計してください」と言われて、学校教育を思いつく人はいないと思うんですね。そんな効率の悪いことを思いつく人って絶対いない。だから、インターネットはやはり私たちが持っていて、石井紘基が持っていなかった大きな強みで、「関所的システムがインターネットの出現によって脆弱《ぜいじゃく》化している」ということは、大きなチャンスだと思います。

泉　そう、チャンスですよね。

安冨　それに合わせて石井紘基の思想をバージョンアップすれば、リアルな政治的プログラムとして機能するのではないかというふうに思っています。

泉　可能性を感じますね。ＳＮＳによってスピード感が出てきて、一気に世の中変わり得る。情報の拡散力がすごくて、権力のブラックボックスに対して、誰かが「違う」と言ったときにあっという間に広がる。つまり、隠し切れない状況も作りやすくなったので、国家が独占的に情報を持っている状況から、かなり開かれた状況になってきたプラス面もあります。

安冨　逆にマイナス面もあって中国みたいになれば、あらゆる人を監視できるようになるので、それはとても恐ろしいことです。だから、そういった危険性も忘れてはいけないと思います。

泉　私も市長一二年目の最後の年は、「殺す」と言われて、二四時間監視カメラをつけられて、警察に警護されるという状況も続いたわけです。今もリスクはゼロではないけど、ＳＮＳがあるので、逆につねに自分から発信することで、リスク回避につながっている面もあるんです。閉じてしまっていると誰にも知られないけど、ずっと自分を開いている状況にしているんです。かえってそのほうが安全安心だろうと思っていて、状況を逐一報告していくこともプラスかなと思っています。

やはり時代が違います。石井さんのころはもう本当に籠もって、どこに石井さんがいるのかわからない状況で、一生懸命資料を読みこんだ時代ですけど、それこそ資料も含めて早めにオープンにできるものはしていく。それが自分を守ることにもつながる時代だと思いたいですね。

たとえば私は裏金の問題で検察批判をしましたが、東京地検特捜部は自分たちも裏金をやっていましたからね。大阪地検特捜部も二〇〇二年の三井環《たまき》事件で、検察の裏金を密告した検事を逮捕したぐらいですから。私、司法修習生のときに、当時の教官から聞きましたもの。今はどうか知りませんけど、裁判所だって、警察だって、裏金だらけでした。裏金で餞別《せんべつ》の金を出しているような時代があったわけです。

結局、自民党の裏金事件も、特捜部は最後まで追及しませんでした。私がそのことを批判したら、まわりの友達から、「おまえ、逮捕されるぞ」「これ以上ケンカ売ったら、警察にやられるぞ」と言われたけれど、「やれるもんならやってみい！」と、自分からテレビに出ていって発信しています。そのほうが逮捕されにくいと思って。

あともうひとつは、最近は財務省を批判しまくっているから、国税が入るのではないかとまわりから言われています。その件も腹をくくったから、財務状況も全部オープンにして、国税に入られても大丈夫な状態にしています。

これからの時代は、自分から発信して、情報もオープンにしてしまったほうが、自分の身を守れる気がしますね。

安冨 歩（やすとみ・あゆみ）

一九六三年、大阪府生まれ。東京大学東洋文化研究所名誉教授。京都大学経済学部卒業後、銀行勤務。京都大学大学院経済学研究科修士課程修了。博士（経済学）。著書に『「満洲国」の金融』（日経・経済図書文化賞、創文社）、『複雑さを生きる』（岩波書店／一月万冊復刻版）、『生きる技法』（青灯社）等多数。

おわりに　石井紘基は今も生きている

「泉君、官僚の人事は八〇歳から順番に配置していくんだよ」

石井さんから、官僚の天下りについて聞かされたときの話です。二十数年前の当時は、民間企業では六〇歳定年が一般的でしたが、官僚の世界では、六〇歳で定年した後も、外郭団体を二〇年間はしごして、八〇歳まで責任を持つとのことでした。八〇歳の人間が在職中に亡くなると、玉突き現象で七八歳、七六歳と、下でつかえていた人間が順々に空いたポストに就いていきます。

それと同時に、官僚の世界では四〇歳から肩叩きが始まるといいます。一期に五〇人入庁したところで、出世レースを勝ち残り、事務次官になれるのは、たったひとりだけ。六〇歳まで省庁に残るのはわずかな人数で、八〇歳から四〇歳までの四〇年分、上から順に、膨大な外郭団体に人事配置していくそうです。

四〇で肩叩きにあった者は、早めに外郭団体に行って、常務になり、社長になり、六〇で定年になった人間も、外郭団体にポストがあって、八〇歳までは暮らしていける構造。各省の人事の人間は、外郭団体での給与や退職金も含んだ、省全体の人事予算額をある程度把握しているでしょうが、全省庁の全体の人事予算額を把握している人間となると、おそらくいないと思います。

私も還暦を迎えたせいか、最近やたらと同窓会が多くて、大学、中高、小学校の集まりに顔を出しています。なにが幸せかは人それぞれで、各自で決めればよいことですが、東大の同級生と、小学校の同級生では、小学時代の貧しい漁師町の顔ぶれのほうが、ずっと幸せに見えます。

東大の同窓会に行くと、自分のことを卑下する者が多いのです。かなりの割合が官僚になったり銀行に行きましたが、「今、どうしている?」の話になると、言い訳する者が少なくありません。

銀行に行った人間はみんな外郭団体に移り、時代の変化のせいで、銀行業自体が終わりを迎えていると言います。キャッシュレス決済やネット銀行の出現で、決済業務は圧迫され、預金業務も低金利で収益が出ない。「もう銀行なんか行っても、やることがないよ」と暗い顔をします。

官僚になった人間も、局長になった者もいますが、事務次官はひとりも出ていません。ひとつのルートの「勝ち組競争」を続けていく人生はしんどくて、結局最後は勝てないのです。官僚として偉そうに見えても、内心はみんな、「いつ追い落とされるか」とビクビクしています。それでもまだ、同窓会に来る人間は、一応成功した人です。ただ、言い訳をしなければいけないような人生だから、やはり幸せそうには見えません。

私がみんなに言われるのは、「おまえは楽しそうだな」ということ。昔から好き放題に言って、好き放題にやって、東大には退学届を出し、明石市長も暴言騒動で勇退したけど、なんだかんだで楽しそうに生きているなと。

日本人の学歴信仰には根深いものがあると思いますが、「いい大学を卒業したところでハッピーな人生を送れますか?」と聞いたとき、物事はそう単純ではないことに、多くの人が気づき始めていると思います。

東大の同級生も、「子どもたちには、自分と同じ人生は歩んでほしくない」と口をそろえて言います。

今は大きな変化の時代ですから、価値判断の多様化も動きが速いと思います。

本書で私は、政治の「方針転換」が求められると言いましたが、民衆の中では、もう転換が始まっている気がします。二〇年前、私が国会議員だった二〇〇三年あたりの話ですが、議員宿舎に住んでいたとき、下の公園の近くに、やたらとエリートが住んでいるマンションがありました。

ですが、日曜日に公園に行ってみると、お父さんたちが楽しそうに子どもと遊んでいます。当時は今ほど、父親が子育てに参加していない状況でしたが、目の前のお父さんは、みんな楽しそうに遊んでいる。「時代だな」と思いました。

それから二〇年。今は明石でも、休日にお父さんが子どもと遊ぶのは、ごく普通の光景です。お父さんとお母さんが、ともに子どもを育てる世の中になりました。

同性婚やLGBTQ+にしても、ここ数年で一気に世論は変わっていますから、今、国民の意識は、かなり大きな勢いで変わっている最中で、政・官・財のお偉いさんだけが、古い頭のままでとどまっている状況ではないかと、私は思っています。

石井紘基さんも『つながればパワー』の最後で、「企業戦士よ、子どもたちのところへ帰ろう」と、経済一辺倒だった日本人の生き方に疑問を投げかけ、家族との時間を大事にする「ごくあたりまえの生き方」を提唱していました。国民一人ひとりが、笑顔で幸せに暮らせる世の中をつくりたかったのだと思います。

私は石井さんと出会っていなければ弁護士になっていないし、石井さんが亡くなっていなければ、その翌年に国会へ行っていないわけですから、石井さんとの出会いが自分を弁護士にし、石井さんとの別れが、私が国会に足を踏み入れるきっかけとなりました。

弁護士になったからこそ、法律のベースができて、議員立法も作れたし、国会の仕組みがわかったからこそ、市長の一二年間が生きました。そして市長を終えた後、こうして政治の近くで発信ができるのも、石井さんのおかげだと思っています。

恩師・石井紘基との出会いとなった『つながればパワー』は、今の私につながっています。

市民を信じる力、市民とつながるパワーで、世界を変えられる。

「市民の力で社会を変える」は私と石井さんの、そして私たち市民みんなのコンセプトです。

私たち市民の手で、今まさに社会を変えることができるのです。

石井紘基は今も、私たちの中で生きています。

石井紘基　関連略年表

一九四〇年（昭和一五年）	一一月六日、東京都世田谷区代沢に生まれる。「紀元二千六百年」「八紘一宇《はっこういちう》」宣布
一九四七年（昭和二二年）	世田谷区立池之上小学校入学
一九五三年（昭和二八年）	成城学園中学校入学
一九五六年（昭和三一年）	成城学園高等学校入学
一九五九年（昭和三四年）	成城学園高等学校卒業。浪人生活、予備校へ
一九六〇年（昭和三五年）	中央大学法学部へ入学。在学中、中央大学自治会委員長に就任。安保闘争に参加。国会前のデモで、機動隊から学生を身を挺《てい》してかばった日本社会党書記長・江田三郎に感銘を受け、政治家を志す
一九六三年（昭和三八年）	八月一九日、兵庫県明石市二《ふた》見町《みちょう》に泉房穂生まれる。一一月、ケネディ大統領暗殺
一九六四年（昭和三九年）	三月、中央大学法学部卒業。四月、早稲田大学法学部大学院へ進学
一九六五年（昭和四〇年）	モスクワ大学法学部大学院へ留学
一九六六年（昭和四一年）	中国で文化大革命（～一九七六年）

一九六八年（昭和四三年）	チェコスロバキアでプラハの春
一九七〇年（昭和四五年）	四月七日、妻・ナターシャとモスクワにて結婚
一九七一年（昭和四六年）	六月、モスクワ大学法学部大学院にて「法哲学博士号」を授与される。妻ナターシャを残して、いったん日本へ帰国
一九七二年（昭和四七年）	二月八日、妻ナターシャ来日。四月、社会党中央本部入り。「社会新報」記者となる。五月、長女ターニャ誕生
一九七三年（昭和四八年）	三月三一日、早稲田大学法学部大学院を中退
一九七五年（昭和五〇年）	四月一日、東海大学講師を兼務する（〜一九七七年八月）
一九七七年（昭和五二年）	三月二六日、江田三郎が社会党を離党しともに離党へ、菅直人《かんなおと》らと社会市民連合（社市連）を結成。石井も参加。五月二二日、江田三郎死去。息子の江田五月《さつき》が参議院議員選挙に立候補、当選。七月一〇日、江田五月参議院議員の秘書となる
一九七八年（昭和五三年）	三月二六日、社会民主連合（社民連）を菅直人らと結成、事務局長に就任
一九八三年（昭和五八年）	江田五月衆議院議員の秘書となる（〜一九九〇年一月）
一九八五年（昭和六〇年）	二月一〇日、江田五月、社民連代表となる。九月、プラザ合意

一九八六年（昭和六一年）	四月、チェルノブイリ原発事故
一九八七年（昭和六二年）	八月二五日、父・嘉四郎死去
一九八八年（昭和六三年）	初の著書『つながればパワー――政治改革への私の直言』（創樹社）刊行
一九八九年（平成元年）	泉房穂と出会い、選挙活動を始める。一一月、ベルリンの壁崩壊。消費税三パーセントを導入
一九九〇年（平成二年）	二月、第三九回衆議院議員総選挙に旧東京三区より社民連公認で立候補。次点で惜敗
一九九一年（平成三年）	一二月、ソ連崩壊
一九九二年（平成四年）	五月二二日、細川護熙《もりひろ》らが日本新党を結成。バブル経済崩壊
一九九三年（平成五年）	三月六日、金丸信《かねまるしん》、脱税容疑で逮捕。六月一八日、衆議院、宮澤内閣不信任案を可決。自民党分裂。新党さきがけ、新生党などを結党。七月、日本新党公認で第四〇回衆議院議員総選挙に旧東京三区からトップ初当選。八月九日、非自民党連立政権・細川護熙内閣が誕生。五五年体制崩壊。一一～一二月、ロシア連邦新議会選挙監視のため特派大使となる
一九九四年（平成六年）	四月二八日、羽田《はた》連立内閣成立で、総務政務次官に就任（～六月二五日）。六月、松本サリン事件。六月三〇日、自社さ連立で村山内閣が成立。一二月、公明党、日本新党、新生

一九九四年（平成六年）	党などが解党し新進党結党。石井は新進党には合流せず「自由連合」結成に参加。住宅・都市整備公団の子会社への工事発注操作の疑いを国会で追及。総務庁、のちに同公団を行政監察
一九九五年（平成七年）	「オウム真理教問題を考える国会議員の会」を発足。統一教会の世田谷進出に反対する住民運動に参加、二年後に教団は退去。一月、阪神・淡路大震災。三月、オウム真理教による地下鉄サリン事件。九月二四日、母・緯子《のきこ》死去
一九九六年（平成八年）	一月、自由連合を離党。新党さきがけに参加。一月一一日、第一次橋本内閣成立、自社さ連立枠変わらず。四月一五日、原作担当の漫画『官僚天国日本破産』（前田和男脚色、花岡一漫画、道出版）刊行。四月一九日、国民会計検査院運動を提起。代表世話人となる。九月二八日、民主党の結党に参加。一〇月二〇日、第四一回衆議院議員総選挙東京六区次点、比例で当選。民主躍進。小選挙区比例代表並立制での初の選挙。第二次橋本内閣発足。自社さは閣外協力となる。一二月一二日、国土審議会委員に任命される。住宅金融専門会社が破綻。生産年齢人口（一五～六四歳）の減少始まる
一九九七年（平成九年）	議員会館で「地下鉄・松本サリン事件の被害者救済の集い」を開催。九月、第二次橋本改造内閣発足。一一月、三洋証券、北海道拓殖銀行、山一證券が相次いで破綻。一二月二七日、新進党解党。六党派に分裂。消費税五パーセントに引き上げ

一九九八年（平成一〇年）	防衛庁の装備品調達費過払いに関する事件を国会で追及。背任、贈収賄の疑いについて究明迫る。旧民主党一月に解散。「民友連」を結成、四月に民主党に。七月、橋本首相辞任。小渕内閣成立、後に自民、自由党連立に。日本長期信用銀行、日本債権信用銀行が破綻、以後、金融機関の合併、統合が進む。経済成長率はゼロ近辺に低下、需要不足によるデフレ経済が始まる
一九九九年（平成一一年）	日本道路公団、住宅・都市整備公団の不透明な業務内容について国会で追及。一〇月、小渕第二次改造内閣。自自公連立に。原作と監修担当の漫画『告発マンガ利権列島—援助交際政治の現場を斬る』（ネスコ）刊行。一一月、原口一博、河村《かわむら》たかし、上田清司《きよし》らと民主党国会Gメンを結成。室長になる。一二月、甘利明議員らと「零細企業の経営環境を考える会」発足。住宅・都市整備公団が解散、業務を都市基盤整備公団に承継
二〇〇〇年（平成一二年）	六月二五日、第四二回衆議院議員総選挙に東京六区から小選挙区にて当選（三期目）。七月四日、中村敦夫議員らと超党派議連「公共事業チェック議員の会」を作り隊長に。一〇月、上田清司議員らと「政官業癒着選挙監視隊」を作り隊長に。一一月、映画「バトル・ロワイアル」をめぐり深作欣二《ふかさくきんじ》監督と論争。介護保険の導入
二〇〇一年（平成一三年）	六月、特殊法人等改革基本法成立。一二月、特殊法人等整理合理化計画を閣議決定。著書『日本を喰《く》いつくす寄生虫—特殊法人・公益法人を全廃せよ！』（道出版）刊行
二〇〇二年（平成一四年）	一月二三日、著書『日本が自滅する日—「官制経済体制」が国民のお金を食い尽くす！』

二〇〇二年（平成一四年）	（PHP研究所）刊行。二月、著書『だれも知らない日本国の裏帳簿―国を滅ぼす利権財政の実態！』（道出版）刊行。一月二九日、田中眞紀子外相更迭、八月に議員辞職。六月一九日、鈴木宗男議員収賄容疑で逮捕。一〇月八日、私塾「維新塾」開設を呼びかけ、一一月七日発足予定。一〇月一八日、衆議院災害対策特別委員長に選出される。一〇月二五日、自宅駐車場で右翼団体代表を名乗る伊藤白水《はくすい》により刺殺。享年六一
二〇〇三年（平成一五年）	二月、遺族と紀藤正樹らが事件の真相究明を求めるホームページを開設。「故・石井こうき事件の真相究明プロジェクト」https://masakikito.com/ishii/index.htm 八月、刺殺事件の真相を追うTVドキュメンタリー番組「『日本病』の正体～政治家　石井紘基の見た風景～」が放映。第一二回FNSドキュメンタリー大賞にノミネート。 一〇月、「石井紘基を偲《しの》ぶ会」開催、『政治家 石井紘基　その遺志を継ぐ』（石井紘基議員追悼集刊行委員会）刊行。一一月、泉房穂が民主党公認で衆議院議員総選挙に初当選
二〇〇四年（平成一六年）	七月、都市基盤整備公団が独立行政法人都市再生機構（UR都市機構）に移管
二〇〇五年（平成一七年）	四月、泉房穂が草案作成に参加した犯罪被害者等基本法が施行。八月、小泉純一郎首相が郵政解散、一〇月、郵政民営化関連法案可決。一〇月、日本道路公団が分割民営化、特殊会社NEXCO三社に。一一月、刺殺事件の被告・伊藤白水の無期懲役判決が最高裁で確定
二〇〇九年（平成二一年）	九月、民主党政権成立。一一月、事業仕分け（行政刷新会議）

二〇一〇年（平成二二年）	四～五月、事業仕分け第二弾（独立行政法人や政府系の公益法人が行なう事業についての事業仕分け）。一〇～一一月、事業仕分け第三弾（特別会計の制度と事業再仕分け）
二〇一一年（平成二三年）	四月、泉房穂が明石市長に初当選、以後三期一二年、明石市長を務める
二〇一二年（平成二四年）	一二月、民主党野田内閣総辞職、自民党第二次安倍内閣発足
二〇一四年（平成二六年）	遺品の調査資料のデータ保存作業を開始。消費税八パーセントに引き上げ
二〇一八年（平成三〇年）	七月、オウム真理教元代表・麻原彰晃《しょうこう》（松本智津夫）死刑囚に死刑執行
二〇一九年（令和元年）	消費税一〇パーセントに引き上げ
二〇二〇年（令和二年）	介護保険、六回目の改正。自己負担額の引き上げ
二〇二二年（令和四年）	国会Gメンの調査資料のデータ保存作業を開始。一〇月、「石井紘基没後20年を偲ぶ会」開催。鳩山由紀夫、泉房穂らが石井ターニャと墓参。七月、安倍晋三元首相が暗殺される。容疑者の山上徹也は統一教会の被害者であると自供
二〇二四年（令和六年）	三月、政府が世界平和統一家庭連合（旧・統一教会）を「指定宗教法人」に指定

『政治家 石井紘基　その遺志を継ぐ』略年譜参照

泉 房穂（いずみ ふさほ）

弁護士、社会福祉士、前明石市長、元衆議院議員。一九六三年、兵庫県明石市二見町生まれ。東京大学教育学部卒業後、テレビ局のディレクター、石井紘基氏の秘書を経て弁護士となり、二〇〇三年に衆議院議員に。その後、社会福祉士の資格も取り、二〇一一年五月から明石市長を三期一二年つとめた。著書に『日本が滅びる前に　明石モデルがひらく国家の未来』（集英社新書）、『社会の変え方　日本の政治をあきらめていたすべての人へ』（ライツ社）、『政治はケンカだ！　明石市長の12年』（聞き手＝鮫島浩、講談社）他多数。

わが恩師《おんし》 石井紘基《いしいこうき》が見破《みやぶ》った官僚国家《かんりょうこっか》 日本《にほん》の闇《やみ》

集英社新書一二三〇A

二〇二四年九月二二日　第一刷発行
二〇二四年一一月二六日　第三刷発行

著者……泉《いずみ》 房穂《ふさほ》

発行者……樋口尚也

発行所……株式会社集英社
東京都千代田区一ツ橋二-五-一〇　郵便番号一〇一-八〇五〇
電話　〇三-三二三〇-六三九一（編集部）
〇三-三二三〇-六〇八〇（読者係）
〇三-三二三〇-六三九三（販売部）書店専用

装幀……原 研哉

印刷所……TOPPAN株式会社

製本所……加藤製本株式会社

定価はカバーに表示してあります。

ISBN 978-4-08-721330-0 C0231

Printed in Japan

a pilot of wisdom

明石モデルがひらく
国家の未来
泉 房穂
Izumi Fusaho
日本が滅びる前に
大増税、物価高、公共事業依存、
超少子高齢化の放置……
社会の好循環を絶対生まない
「政治の病」をえぐり出す、
泉流ケンカ政治学の
エッセンス！
集英社新書